LER E COMPREENDER
A BÍBLIA

COLEÇÃO PÃO DA PALAVRA

- *Boa-nova de Jesus*: introdução didática aos livros do Novo Testamento – João Luiz Correia Júnior e José Flávio de Castro Fernandes
- *Os carismas na teologia paulina*: serviço e testemunho – Rosana Pulga
- *Entrevista com Paulo Apóstolo*: uma porta de entrada para sua vida e missão – Carlos Mesters
- *Ler e compreender a Bíblia*: sugestões práticas – Rosana Pulga
- *Nosso Deus é o Deus da vida*: novos enfoques para uma leitura do Gênesis 1 a 22 – Serviço de Animação Bíblica (SAB)

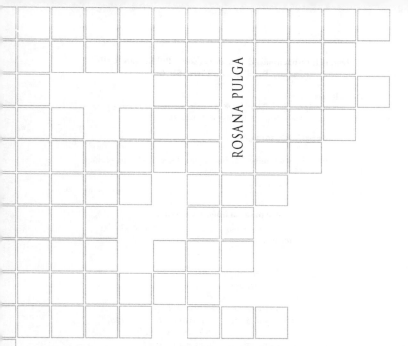

ROSANA PULGA

LER E COMPREENDER A BÍBLIA

Sugestões práticas

Dados Internacionais de Catalogação na Publicação (CIP)
(Câmara Brasileira do Livro, SP, Brasil)

Pulga, Rosana
   Ler e compreender a Bíblia : sugestões práticas / Rosana Pulga. – 1. ed. –
São Paulo : Paulinas, 2012. – (Coleção pão da palavra)

   ISBN 978-85-356-3017-6

   1. Bíblia – Estudo e ensino   2. Bíblia – Introduções   3. Bíblia – Leitura
I. Título.   II. Série.

12-00045   CDD-220.07

Índice para catálogo sistemático:
1. Bíblia estudo e ensino   220.07
2. Estudo bíblico   220.07

1ª edição – 2012
3ª reimpressão – 2018

Direção-geral: *Bernadete Boff*
Editores responsáveis: *Vera Ivanise Bombonatto*
e Matthias Grenzer
Copidesque: *Ana Cecilia Mari*
Coordenação de revisão: *Marina Mendonça*
Revisão: *Sandra Sinzato*
Assistente de arte: *Ana Karina Rodrigues Caetano*
Gerente de produção: *Felício Calegaro Neto*
Projeto gráfico: *Telma Custódio*
Capa e diagramação: *Wilson Teodoro Garcia*

Nenhuma parte desta obra poderá ser reproduzida ou transmitida por qualquer forma e/ou quaisquer meios (eletrônico ou mecânico, incluindo fotocópia e gravação) ou arquivada em qualquer sistema ou banco de dados sem permissão escrita da Editora. Direitos reservados.

Paulinas
Rua Dona Inácia Uchoa, 62
04110-020 – São Paulo – SP (Brasil)
Tel.: (11) 2125-3500
http://www.paulinas.com.br – editora@paulinas.com.br
Telemarketing e SAC: 0800-7010081
© Pia Sociedade Filhas de São Paulo – São Paulo, 2012

Ofereço estas humildes experiências a todos quantos se dedicam a estudar, compreender, vivenciar e propagar a Palavra da Salvação. Porque "a palavra está muito perto de ti: na tua boca, no teu coração, para que a ponhas em prática" (cf. Dt 30,14).

Um agradecimento especial ao prof. Matthias Grenzer e ao rabino Ariel Oliszewski, pelo incentivo e sugestões.

... tem estrada,
tem caminho,
tem procura,
tem destino,
"tem luz"
... lá dentro do livro.
Joseane Maia

SUMÁRIO

APRESENTAÇÃO: 9

SUGESTÕES PRÁTICAS PARA A ANIMAÇÃO
BÍBLICA DE TODA A AÇÃO PASTORAL 11

LENDO A BÍBLIA A PARTIR DA FONTE 21

GÊNEROS LITERÁRIOS NA BÍBLIA 27

SUGESTÕES METODOLÓGICAS PRÁTICAS 33

O MÉTODO DA *LECTIO DIVINA* (OU) LEITURA
DIVINA E ORANTE DA PALAVRA 53

O MÉTODO DOS SÁBIOS DE ISRAEL 69

OUTRAS SUGESTÕES PRÁTICAS 79

MENSAGEM DO SÍNODO:
CELEBRAÇÃO DA PALAVRA 87

QUESTIONÁRIO PRÁTICO PARA AJUDAR
NA CONCLUSÃO DA LEITURA E/OU
ESTUDO DESSE LIVRO 93

BIBLIOGRAFIA 96

APRESENTAÇÃO

A BELEZA DO ESTUDO BÍBLICO POPULAR

Parabenizo a Irmã Rosana Pulga por mais esta publicação. Há muitos anos ela se dedica, de forma incansável, ao trabalho de ler e estudar as Sagradas Escrituras com as comunidades. Muita gente aprendeu, biblicamente falando, o "beabá" com ela. Nesse sentido, ao olhar para uma obra de vida como esta da Irmã Rosana, que me seja permitido procurar por aquilo que, provavelmente, a fez insistir, durante tanto tempo, no trabalho que realiza.

Uma das razões talvez se encontre na circunstância de a leitura das tradições bíblicas ser prazerosa. Trata-se de textos artisticamente compostos, capazes de revelarem grande beleza literária. Em princípio, não há quem não goste de descobrir algo bonito. Todas as pessoas, tanto as mais como as menos instruídas, de repente, sentem-se fascinadas por uma palavra bem colocada. Mais ainda: poder auxiliar outras pessoas na descoberta do que é belo torna-se também uma tarefa gratificante para quem ajuda.

Outra motivação do trabalho com a Bíblia surge da possibilidade de viajar com ela. Quem lê as Sagradas

Escrituras visita, pois, outra região. Passando pelo túnel da história, depara-se com outra época, uma vez que se dá um encontro com outra cultura. Também isso é fascinante. Mais ainda: poder guiar quem quer viajar e quem, eventualmente, seja marinheiro de primeira viagem, muitas vezes, se revela uma tarefa agradável.

Todavia, o que mais motiva a Irmã Rosana e outros em seu trabalho com as comunidades ainda não foi dito. Ao ouvirem falar do Deus bíblico, as pessoas mais necessitadas sentem-se valorizadas e favorecidas. Subitamente descobrem que Deus quer inverter seu destino. Os que estão melhor de vida, por sua vez, podem descobrir que o mesmo Deus se dirige também a eles, convidando-os a "fazer o bem ao irmão" menos favorecido, tendo, dessa forma, uma noção mais clara de sua própria "dignidade" e "majestade" (cf. Gn 4,7). Assim, a humanidade inteira encontra-se com a verdade de que o Deus vivo ainda realiza seus milagres neste mundo, porque, em todos os casos de uma inversão feliz do destino dos mais sofridos, é oportuno perguntar-se se não foi o Senhor quem "ergueu o pobre da miséria" (cf. Sl 107,41). Poder estar a serviço desta dinâmica religiosa, de fato, oferece um prazer inefável a quem aproxima as pessoas nas comunidades da verdade contida na Bíblia.

Portanto, peço a Deus que a Irmã Rosana possa trabalhar ainda por muitos anos, com as mais diversas comunidades, favorecendo o encontro de muitas pessoas com o Deus bíblico.

MATTHIAS GRENZER
Doutor em Teologia Bíblica
pela Faculdade de Filosofia e Teologia
St. Georgen, em Frankfurt, Alemanha.

SUGESTÕES PRÁTICAS PARA A ANIMAÇÃO BÍBLICA DE TODA A AÇÃO PASTORAL

Estes textos servem de ferramenta a todas as pessoas que necessitam de métodos práticos e simples para a animação bíblica de toda a ação pastoral, para uma evangelização mais eficaz.

- Todo método engloba em si uma pedagogia, ou seja, a forma de se expressar e de alcançar os objetivos da evangelização. Isso é válido para biblistas, liturgistas, catequistas, monitores e animadores de cursos para a educação cristã da fé.
- Neste texto, cada método, prático e popular, é uma sugestão a que as pessoas possam fazer uso dele em sua ação pastoral, aplicando-o especialmente nos quatro espaços privilegiados da evangelização.

O que é exegese? É a leitura mediante a qual o estudioso pesquisa, destrincha, escarafuncha, revolve o texto

dentro do seu contexto, levanta questões que nem sempre são as mesmas de seu autor. É um trabalho minucioso e de muita exigência para os exegetas.
O que é exegeta? É a pessoa que se dedica ao trabalho minucioso e lento da exegese.
O que é hermenêutica? É o ato de ler e reler o texto para poder interpretá-lo com nossas palavras, a fim de que ele ilumine a nossa vida. Não tanto as palavras do texto, mas sim o que esse texto diz dentro da nossa realidade. A letra informa, mas não forma. Quem nos forma é a espiritualidade do texto.
O que é revelação? É a comunicação de Deus a seu povo e com seu povo. A revelação se dá na história, mas ela já é anterior à história de Israel. A revelação tem seu ponto alto em Jesus Cristo e continua depois dele. Pois a revelação está num *texto* ou está na *vida*? Aliás, o próprio texto quer revelar a vida.

ESPAÇOS PRIVILEGIADOS

Esses espaços: comunitário, educação da fé, litúrgico e exegético, podem ser considerados espaços privilegiados para a aplicação das sugestões metodológicas práticas e para compreender a "Palavra de Deus" na vida, como nos orienta o documento *Verbum Domini*.

Depois do Concílio Vaticano II, a Bíblia voltou às mãos do povo. Ninguém pode negar isso ou querer voltar para trás.

Falemos um pouco sobre esses espaços privilegiados que hoje reconhecemos como áreas propícias para ler, compreender, interpretar e celebrar a Palavra.

O espaço privilegiado da comunidade

Finalmente, depois do Concílio Vaticano II, a Bíblia retornou ao seu lar: a comunidade, que é o lugar onde ela é lida e acolhida, estudada, orada, cantada, celebrada e vivida. É interessante perceber, também, que a própria Bíblia quer ficar nesse espaço. Quanto mais ela é "comida" pela comunidade, mais se torna alimento. Então, é na comunidade que a leitura se torna interessante e prazerosa; compreensível, libertadora e transformadora. A comunidade serve-se dos estudos acadêmicos dos exegetas, da evangelização catequética e da celebração litúrgica para realizar a prática do amor cristão e caminhar com força, com vida, até alcançar as promessas da vida futura. Hoje o povo fala com alegria: "A Bíblia agora é nossa!". Ela voltou ao seu ninho: as mãos do povo. Hoje, esse povo tem mais consciência do conteúdo desse precioso livro do que no passado, embora ainda haja muito a se fazer.

Citamos alguns depoimentos dessa nova fase da evangelização por meio da Animação Bíblica Pastoral (ABP): "Depois que passei a ter a Bíblia em minhas mãos, tornei-me outra pessoa. E lá em casa tudo mudou para melhor!"; "Como eu era pobre, quando não conhecia a Bíblia. Ah! Mas como eu era pobre!"; "Depois que comecei a participar do curso 'Visão global da Bíblia', comecei a gerar a fé. Antes eu era estéril como Sara, mas agora eu posso gerar a fé na minha comunidade, e a minha comunidade está gerando a fé nas suas famílias. Isso é maravilhoso!"; "No curso de Bíblia, descobri que ela é como uma 'corda firme e grossa', que sustenta todos os livros e todas as lutas do povo".

Testemunhos como estes somente se deram depois do Concílio Vaticano II. O concílio foi uma bênção enorme para a Igreja Católica e, também, para as outras confissões religiosas, porque ele abriu as portas do ecumenismo. A Igreja suplica e canta: "Vem, Espírito Santo, vem, e renova a face da terra". Vem, Espírito Santo, vem, e explica-nos, esclarece-nos acerca de tudo o que Jesus fez e falou.

O espaço da educação da fé

É no caminho da educação da fé que acontece a iniciação catecumenal e bíblica. É na catequese que aprendemos as primeiras narrativas da história da salvação, que é, também, a história do povo de Israel, o qual se reconhece como povo escolhido por Deus, com a missão de passar para as gerações futuras a inesgotável comunicação desse Deus com sua criatura – o ser humano (cf. Hb 1,2). A catequese é esse espaço privilegiado do anúncio da Palavra: da palavra falada, da palavra escrita e, sobretudo, da palavra encarnada – "Jesus" –, que se fez pessoa e habitou entre nós (cf. VD 7). Pela catequese, conhecemos, ainda, a história de nossa identidade cristã e somos iniciados na leitura e interpretação da Bíblia. Na catequese, também somos orientados para a prática da Palavra. É um espaço rico para ser explorado e trabalhado com os catequizandos de todas as idades.

O espaço privilegiado da liturgia

A liturgia é o espaço privilegiado para a realização do memorial. Na celebração do culto a Deus, por meio de ritos, gestos, sinais e palavras, enriquecemos o memorial bíblico. A liturgia relê, proclama, comenta continuamente a história do povo de Deus, a qual retrata a história da salvação de todos os povos e de todos os tempos. Mas, sobretudo, a liturgia perpetua o memorial de Jesus na sua paixão, morte, sepultamento e ressurreição: "Fazei isto em memória de mim" (Lc 22,19-20). É o espaço do culto a Deus e do louvor que se faz ação de graças. É o espaço do silêncio orante e reverente. É o espaço da palavra que se faz escuta: "Ouve, Israel! O Senhor nosso Deus é o único Senhor" (Dt 6,4-9). É o espaço da plenitude do vazio. Tanto é assim que uma missa, uma Eucaristia bem participada e bem celebrada nos deixa na alma um sabor de plenitude, de esperança, de vontade de viver.

Além disso, é espaço de diálogo entre o celebrante que oferece o memorial e a assembleia que o celebra. Portanto, por ser este espaço privilegiado, é necessário que a liturgia seja bem preparada, que as leituras sejam bem proclamadas e audíveis, só assim será um memorial vivo e vivificante. Não pode parecer uma apresentação de teatro, um show e nem uma celebração fúnebre. O memorial bíblico-litúrgico deve inspirar conteúdo, beleza, alegria e profundo relacionamento com Deus. O espaço litúrgico é o lugar para celebrarmos o grande mistério da paixão, morte e ressurreição do Senhor Jesus. Mistério sublime de nossa redenção. Por isso ele se torna um memorial, um lugar de lembrança vivenciada, tornada visível e atual.

É importante compreender esse memorial bíblico--litúrgico especialmente nas grandes festas que renovam nossa fé e nos abrem para a esperança e o amor cristão:

Natal, Páscoa, Pentecostes. As primeiras comunidades cristãs o celebravam no 1º dia da semana, considerado "o dia do Senhor" ou o "domingo", e até hoje essa tradição é cultiva pelos cristãos católicos, é o dia do *descanso cristão* (sábado cristão).

O espaço da exegese bíblica

Os biblistas, homens e mulheres, se debruçam sobre a Bíblia para realizar uma conversa muito profunda com o texto e fazê-lo contar o que se esconde por detrás das letras ou dentro das palavras. É, de fato, um espaço privilegiado, porque, sem ele, nenhum dos outros três poderia sobreviver com "dignidade". Os estudiosos enfrentam muitos anos de labor acadêmico: estudo das línguas, geografia, arqueologia, gêneros e formas literárias, analogias, mitos e simbologias; a história do Antigo Israel com sua cultura, fé e lutas pela sobrevivência. Sem falar de outros estudos ainda mais complexos. Esses "exegetas", pessoas estudiosas, são um tesouro, porque eles alimentam os outros três espaços que a Igreja considera privilegiados para a Palavra.

Quatro espaços que não podem ser desperdiçados nem minimizados! Todos são igualmente importantes, cada um por sua vez. A soma dos quatro é que faz a Igreja brilhar como esposa do Cordeiro – Jesus –, o Cristo Ressuscitado (Ap 22,17).

ESPAÇOS PRIVILEGIADOS PARA COMPREENDER A PALAVRA DE DEUS NA VIDA

Espaço da exegese:
o estudo profundo, sistemático, acadêmico. É o espaço onde os biblistas escarafuncham o texto, para que ele nos diga o que esconde. Eles também situam o texto no seu contexto e o trazem para mais perto de nós.

Espaço da educação da fé:
é o lugar do anúncio da palavra para que ela se torne vida.
Lugar da construção do memorial.

Espaço da comunidade:
é o lugar onde a palavra encontra seu lar. Onde ela pode tornar a vida mais justa, mais feliz e onde todos podem sentir-se irmãos.

Espaço litúrgico:
é o lugar da celebração e da atualização do memorial da história de nossa fé cristã e da vida de Jesus.
É o espaço da celebração da identidade cristã.

RECURSOS DIDÁTICOS

Hoje, muito mais do que antes do Vaticano II, esses quatro espaços privilegiados contam com uma variedade de recursos didáticos e pedagógicos para a animação bíblica de toda a ação pastoral da Igreja. Podemos dizer que é uma arte saber usá-los com criatividade e aplicá-los de acordo com o estudo que se pretende fazer. Deve-se ter em conta a faixa etária das pessoas e seu nível de compreensão bíblica e, ainda, considerar a diferença de contexto que nos oferecem os espaços privilegiados nos quais queremos realizar a evangelização. Cada comunidade saberá organizar sua programação.

Oferecemos os seguintes exemplos:

• curso bíblico mais acadêmico e sistemático, que contemple a linha do tempo ou a visão global da Bíblia (coleção "Bíblia em Comunidade", série Visão Global, 15 v. São Paulo, Paulinas);

• estudo das diferentes teologias bíblicas (coleção "Bíblia em Comunidade", série Teologias Bíblicas. São Paulo, Paulinas);

• estudo dos diferentes gêneros literários e formas da composição dos livros (coleção "Bíblia em Comunidade", série Gêneros e Formas. São Paulo, Paulinas);

• estudos bíblicos por assuntos temáticos;
• *Lectio Divina* ou Leitura Orante da Palavra;
• mês da Bíblia;
• semana bíblica diocesana e/ou paroquial, na dimensão de animação bíblica;
• visita a uma sinagoga e participação em uma celebração judaica;

- programas de ação social a partir da iluminação de um tema bíblico;
- escolas bíblicas diocesanas e/ou paroquiais.
- escolas dominicais para a iniciação ao catecumenato;
- escolas bíblicas de aprofundamento: graduação e pós-graduação;
- utilização de: DVD, CD, internet, origamis, dinâmica e outros.

"Pois onde dois ou três estiverem reunidos em meu nome, eu estarei ali, no meio deles" (Mt 18,20).

LENDO A BÍBLIA A PARTIR DA FONTE

Deus, fonte e origem da vida.
Jesus, restaurador e salvador da vida,
Palavra viva e vivificante.
Espírito Santo, renovador da vida,
inspirador e santificador.

*D**eus, fonte perene de vida.* Quem está ligado à fonte está ligado à sua origem e não se perde, nem morre, porque a origem continua alimentando a vida. João explica muito bem a força dessa fonte, quando fala da videira e dos ramos (Jo 15), e Isaías completa, dizendo: "Vou soltar a voz qual mulher parturiente" (Is 42,14). Enraizados e alicerçados neste amor: ternura, misericórdia, fidelidade, solidariedade, "vocês se tornarão capazes de compreender a largura, o comprimento, a altura, a profundidade do mistério de Deus, escondido em Jesus Cristo", palavras dirigidas à comunidade de Éfeso (cf. Ef 3,18).

De fato, como recordaram os padres durante o sínodo, a "especificidade do cristianismo manifesta-se no acontecimento que é Jesus Cristo, ápice da Revelação, cumprimento das promessas de Deus e mediador do encontro entre o homem e Deus. Ele, "que nos deu a conhecer Deus" (cf. Jo 1,18), é a Palavra única e definitiva confiada à humanidade. São João da Cruz exprime essa verdade de modo admirável: "Ao dar-nos, como nos deu, o seu Filho, que é sua Palavra – e não tem outra –, Deus disse tudo e de uma só vez nesta Palavra única e já nada mais tem para dizer (...)" (VD 14).

Jesus cumpre toda a missão que o Pai lhe entrega: restaurar a vida e glorificar o Pai (Lc 4,1-30; Mt 11,25-30). Pela sua vida fiel e obediente até a morte, Jesus torna-se salvação e ressurreição da vida. Quem o ama e segue seu caminho terá Vida Eterna. "Eu o ressuscitarei no último dia" (cf. Jo 6,22-40), o que equivale a dizer: eu lhe darei a vida em plenitude. De fato, "na Páscoa, Deus revela-se a si mesmo juntamente com a força do amor Trinitário que aniquila as forças destruidoras do mal e da morte" (VD 13). "O Filho do Homem compendia em si mesmo a terra e o céu, a criação do Criador, a carne e o Espírito. É o centro do universo e da história, porque n'Ele se unem sem se confundir o Autor e a sua obra" (Bento XVI).

O Espírito Santo é o consolador, o santificador, o propagador da Palavra e o defensor da vida. Ele a renova e a defende continuamente. João relata o diálogo entre Jesus e Nicodemos. Jesus confirma a Nicodemos que é necessário nascer de novo, que esse nascimento não é mais o da carne, e sim o do Espírito. O Espírito é quem renova continuamente a vida (cf. Jo 3,1-21). Muitas pessoas dão testemunho de vida renovada após um contato profundo com a Palavra de Deus, lida e compreendida sob a ação, a luz do Espírito Santo. Paulo diz que o Senhor é Espírito, e onde está o Espírito do Senhor há liberdade (cf. 2Cor 3,17). "Porém, o Espírito libertador não é somente a própria ideia, nem a visão pessoal de quem interpreta. O Espírito é Cristo e Cristo é o Senhor que nos mostra o caminho" (VD 38): "Eu sou o caminho, a verdade e a vida" (Jo 14,6). Por isso, o próprio Nicodemos, que era mestre em Israel, passou por esse novo nascimento depois de seu diálogo com Jesus. É necessário nascer de novo! Mas somente quem se arrisca a entrar no útero (*raham*, em hebraico) de Deus, pela ação do Espírito Santo, irá passar pelo novo nascimento e gerar vida nova. O útero é o lugar do mistério, do segredo do amor. É o lugar do acolhimento mais profundo da Palavra, onde ela se torna vida, como em Maria, que não colocou nenhum obstáculo para que a Palavra se tornasse vida humana. Santo Irineu diz: "todas as vezes que alguém acolhe a palavra em seu coração (útero) torna-se mãe de Jesus". Só então é possível exclamar: "Eu nasci de novo e gerei vida nova!".

Ilustrando o que foi dito, citamos aqui o testemunho de um jovem seminarista. Depois de ter estudado os Atos dos Apóstolos, o jovem sentiu-se muito animado para ministrar um cursinho às pessoas de sua comunidade. Como se tratava de uma comunidade simples, numa ilhota distante, onde o padre raramente podia ir, pensou em levar recursos didáticos próprios para essa comunidade e usar um método bem simples. Ao chegar, viu toda a comunidade reunida. Muito admirado por ver tantas pessoas, fez logo uma pergunta: "Por que vocês vêm aqui todos os domingos, se o padre nunca, ou raramente, vem?". Como ninguém respondeu, resolveu insistir na pergunta. Foi então que uma jovem mãe, segurando seu filho ao peito, levantou-se e disse com palavras e gestos: "Moço, a gente vem aqui todos os domingos para se emprenhar de Deus e sair parindo Jesus por todos os lados!".

O "moço" ficou paralisado e pensou consigo mesmo: os recursos didáticos, os métodos são muito importantes, e não podemos dispensá-los, mas é igualmente importante confiar no Espírito Santo, na ação de Deus, que age nas pessoas, por mais simples que elas sejam (cf. Lc 10,21).

DUAS PALAVRAS IMPORTANTES: "EXATO" E "VERDADEIRO"

Antes mesmo de entrar no estudo dos métodos que propomos, é interessante estarmos atentos a duas palavras muito importantes para a leitura proveitosa da Bíblia e, sobretudo, para tê-las presentes na nossa ação pastoral evangelizadora. O que compreendemos por "exato" no texto bíblico? O que entendemos por "verdadeiro"?

Ao lermos a Bíblia, é importante saber que temos em mão um livro que é da mais bela literatura. Ela possui textos artisticamente elaborados, que encantam e levam a pessoa a sentir que está diante de algo bem escrito e bem narrado. Esses textos não são rígidos, científicos, nem matemáticos; também não são boletins de ocorrências ou artigos jornalísticos. Mas textos de literatura, que pertencem a uma história muito antiga, ao mundo antigo de Israel. Para saborear seu conteúdo, é necessário entrar nesse mundo, em sua língua, sua cultura, sua religião e religiosidade. E isso também encanta os que estudam essa história. A Bíblia como literatura se expressa através de diferentes formas de escrever (gêneros literários), por isso as narrativas bíblicas são escritas de várias maneiras como veremos no capítulo seguinte.

DUAS PALAVRAS IMPORTANTES

Exato
- é tudo o que podemos ver e tocar;
- é tudo o que podemos provar de várias formas: fotografias, microscópio, raio-x, e outras formas.

Verdadeiro
- é tudo aquilo que traz vida;
- é tudo aquilo que gera dinamismo na vida das pessoas.

*A Bíblia não fala de ciência,
mas da relação de Deus com seu povo,
do povo com seu Deus
e do povo entre si.*

GÊNEROS LITERÁRIOS NA BÍBLIA

TIPOS DIFERENTES DE TEXTOS

GÊNEROS LITERÁRIOS NA BÍBLIA

Narrativas:	Poesias:	Leis:
contam a história da salvação.	celebram a história da salvação.	transformam a história da salvação em projeto de convivência juridicamente organizado.
Gn 1–48; Ex 1–14; Mt 6,9-13; milagres, curas.	Gn 49,1-7; Ex 15; Salmos; Ex 20,1-21; Fl 2,6-11; 1Cor 13,1-13.	Dt 12–26; Mt 5,1-11.

Na Bíblia, há coisas que fazem rir e outras que fazem chorar. É como um álbum de família que registra diferentes acontecimentos.

Algumas pessoas leem a Bíblia com um *olhar literalista* e, então, ficam confusas. É necessário lê-la com um *olhar simbólico*, interpretativo e espiritual, para que ela nos encante. Daí por que, ao fazermos a leitura da Bíblia, é necessário ter presente duas palavras muito importantes, a fim de que essa leitura seja proveitosa e esclarecedora. Essas duas palavras fazem grande diferença na sua compreensão, bem como na sua transmissão. São elas: *exato* e *verdadeiro*.

Para entramos nessa ótica simbólica, interpretativa, de leitura da Bíblia, é preciso fazer uma distinção entre "exato" e "verdadeiro". Exato é tudo o que podemos ver, tocar, provar concretamente e comprovar por meio de fotografias, microscópio, carbono e outros métodos de que a ciência dispõe. Ao passo que verdadeiro, na leitura bíblica, é tudo aquilo que, mesmo não podendo ser comprovado por meios científicos, traz vida, *produz dinamismo* e gera o novo na vida das pessoas e da sociedade. Como nos adverte a *Verbum Domini*:

> Desse modo, a palavra que o homem dirige a Deus torna-se também Palavra de Deus, como confirmação do caráter dialógico de toda a revelação cristã, e a existência inteira do homem torna-se um diálogo com Deus que escuta e fala, que chama e *dinamiza* a nossa vida. Aqui (no que é verdadeiro) a Palavra de Deus revela que toda a existência do ser humano está sob o chamamento divino (cf. VD 25).

Essa reflexão nos permite fazer uma pergunta: É "exato" o modo como a Bíblia narra, por exemplo, a criação do mundo em sete dias e a criação do homem e da mulher? É "exato" o relato do sacrifício de Abraão? Não, porque a forma como isso vem descrito na Bíblia tem por finalidade um ensinamento maior: gerar em Abraão, como representante de toda a humanidade, a fé no Deus UM, no Deus que gera vida nova. Não é "exato" também porque a Bíblia não é um livro científico. Não podemos buscar nela respostas científicas. Mas o que ela quer transmitir é "verdadeiro", é gerador de vida nova, de novas relações com Deus e com a própria humanidade. Portanto, o que a Bíblia afirma sobre a criação do mundo, do homem e da mulher, do sacrifício de Abraão, é verdadeiro porque narra como o povo de Israel viu e viveu a sua relação inicial com Deus, por meio de seus antepassados, e também porque descreve sua capacidade de compreender o que Deus queria revelar (cf. coleção "Bíblia em Comunidade", série Visão Global, n. 3. São Paulo: Paulinas. p. 29).

A Bíblia, ao expressar a comunicação de Deus com seu povo, o faz por meio de recursos literários, servindo-se de diferentes gêneros e formas. Suas narrativas querem expressar, de maneira compreensível, a maneira como Deus quis se revelar e assim se dar a conhecer a nós, suas criaturas. Como dizia alguém do povo: "Na Bíblia Deus puxa conversa com a gente". Nessa conversa, nesse diálogo, os escritores sagrados (hagiógrafos), conservando sua cultura, colocaram por escrito a mensagem divina e expressaram a forma de *aliança* que Deus estabeleceu com seu povo, por meio de exigências de fidelidade. É necessário, então, que o leitor tenha consciência do que é "verdadeiro" na Bíblia e do que é "humano" e que não busque a "exatidão" onde não é possível ter. A atenção a essas palavras: "exato" e "verdadeiro", permitirá fazer uma leitura muito prazerosa e extremamente interessante, geradora de mudanças para uma vida mais humano-divina.

Vejamos outro exemplo que deixa muitas pessoas que o leem sem saber o que pensar: O que essa narrativa descrita em Js 10,6-14 quer transmitir: exatidão ou verdade?

> Então Josué falou ao Senhor, no dia em que o Senhor entregou os amorreus às mãos dos israelitas. Na presença de Israel, ele exclamou:
> "Sol, detém-te sobre Gabaon,
> e tu, lua, sobre o vale de Aialon!".
> E o sol se deteve, e a lua parou, até que o povo se vingasse dos inimigos.
> É o que está escrito no Livro do Justo. [...] Nem antes nem depois houve dia como aquele, em que o Senhor Deus obedeceu à voz de um homem, pois o Senhor lutava por Israel.

Esta afirmação se refere às duas linhas de poesia anteriores extraídas de uma antiga coleção poética (Livro do Justo), atualmente perdida, citada também em 2Sm 1,18. É um antigo cântico de guerra, que o autor do livro de Josué toma emprestado para expressar o auxílio trazido pelo Senhor Deus a Israel, mediante a súplica de Josué, quando um fenômeno natural age em seu favor e destrói o inimigo por meio de uma forte chuva de pedra (granizo) (Js 10,11). O autor quer salientar, ainda, a grandeza e a coragem de Josué na defesa do seu povo. Portanto, isso não pode ser tomado como uma crônica "exata" de fatos. Também é inútil buscar "exatidão" nas ciências ou nos livros de astrologia ou cultos astrais. A Bíblia não pretende enganar o leitor, pelo contrário, procura, na exposição dos fatos, dar-lhes um sentido *espiritual e teológico*, por isso usa *palavras, símbolos ou empresta* e*xpressões poéticas e comparações* que ajudam a descrever a experiência relacional com Deus.

Talvez, por lermos com olhar literalista e/ou fundamentalista e por não conhecermos ainda a leitura feita com um *olhar simbólico e espiritual*, muitas vezes acontece de ficarmos sem entender a "verdadeira" mensagem do texto bíblico. Mas, para compreendermos o que é verdadeiro na Bíblia, necessitamos, sem dúvida, de métodos, de "guias" capazes de nos orientar. "A letra ensina os fatos (passados), a alegoria o que deves crer, a moral o que deves fazer, a anagogia para onde deves caminhar" (cf. VD 37).

O olhar *simbólico* nos pede atenção, estudo e pesquisa; o olhar *espiritual* nos pede fé e humildade para distinguirmos o que é "exato" do que é "verdadeiro".

O SENTIDO LITERAL

Ao lermos a Bíblia, é importante saber que temos em mãos um livro que é da mais bela literatura. Portanto, não é somente legítimo, mas também indispensável procurar definir o sentido preciso dos textos, tais como foram produzidos por seus autores, buscando *o sentido literal*. São Tomás já afirmava a importância fundamental da busca do sentido literal das narrativas bíblicas.

O sentido literal não deve ser confundido com o sentido "literalista", ao qual aderem os fundamentalistas. É preciso compreender o texto segundo as convenções literárias da época. Quando um texto é metafórico, seu sentido literal não é aquele que resulta imediatamente de palavra por palavra (por exemplo: "tende os rins cingidos" – cf. Lc 12,35), mas o que corresponde ao uso metafórico dos termos ("Tende uma atitude de disponibilidade").

Quando se trata de um relato, o sentido literal não comporta necessariamente a afirmação de que os fatos contados tenham efetivamente acontecido, pois um relato pode não pertencer ao gênero literário-histórico, mas ser uma obra de imaginação (cf. *A Interpretação da Bíblia na Igreja*. São Paulo, Paulinas, 1994. p. 228).

O SENTIDO FUNDAMENTALISTA E LITERALISTA

O sentido fundamentalista é aquele que nos segura presos ao texto, tal qual ele é, e não nos permite ver o seu conteúdo, o que está escondido por detrás das letras ou dentro das palavras. Essa leitura também pode ser chamada de "literalista", a letra pela letra, a palavra pela palavra, sem buscar o sentido que o autor quis dar. É por isso que costumamos chamar a leitura fundamentalista de leitura ao pé da letra. Muitas pessoas que ainda não aprenderam a ler a Bíblia de forma correta teimam, dizendo: "Está escrito na Bíblia!". E não aceitam nenhuma interpretação saudável.

Essa leitura é muito perigosa. Por exemplo, como ler de forma fundamentalista os textos de Mt 5,27-30; 18,5-9, que falam de arrancar o olho, a mão, o pé? ("Caso o teu olho, a tua mão, o teu pé te leve a pecar, arranca--os e jogue-os fora..."). O uso da palavra "arranca-o e joga-o fora" é metafórico e nos sugere que mudemos de olhar, de julgamento, de pensamentos, de conduta, de caminho. O documento *Verbum Domini* diz o seguinte: "Na realidade, o literalismo propugnado pela leitura fundamentalista constitui uma traição tanto do sentido literal como do sentido espiritual" (VD 44).

SUGESTÕES METODOLÓGICAS PRÁTICAS

O método quer servir de "guia", de "companheiro" e tem por objetivo nos fazer caminhar e progredir. Portanto, para ler e compreender a Bíblia adequadamente é importante deixar-se acompanhar por um método, por mais simples que seja.

Assim, propomos algumas sugestões metodológicas, métodos práticos (populares) para podermos, depois, aplicá-los nas diferentes áreas de nossa ação pastoral e, também, para que nossa compreensão da Bíblia provoque um "novo nascimento", um apaixonamento.

"O estudo da Bíblia exige o conhecimento e o uso apropriado de métodos de pesquisa [...], embora não de igual modo por toda a parte, todavia na sã tradição eclesial sempre houve amor pelo estudo da 'letra'. O desejo de Deus inclui o amor pela Palavra em todas as suas dimensões" (VD 32). "O estudo destes sagrados livros deve ser como que a alma da sagrada teologia" (DV 24).

O QUE É MÉTODO?

Método tem sua raiz na língua grega: *met*, que significa: para além, além de; mais longe; seguida de outra palavra grega: *ódòs*, que significa: caminho, movimento, direção.

A palavra método indica, então, movimento, avanço numa direção, orientação, explicação, "guia" para alcançar o que se deseja ou se espera. Portanto, o jeito de ler, escrever, trabalhar, comunicar-se e evangelizar exige um "guia", um "companheiro de caminhada".

O uso de um *bom método* na leitura e interpretação da Bíblia garante a fidelidade ao conteúdo e a sua prática transformadora. O método é considerado bom quando permite liberdade para movimentar-se dentro dele, quando ajuda a crescer e progredir.

A Igreja sempre utilizou e recomenda vários métodos de leitura e estudo da Bíblia como, por exemplo: o método das formas literárias; o método histórico-crítico das fontes e da história da redação. Estes são métodos mais exigentes, que requerem muito estudo, inclusive das línguas bíblicas e do antigo Oriente. Exigem tempo e pesquisa. São chamados de *científicos* e são utilizados, sobretudo, pelos biblistas exegetas, os quais escarafuncham o texto bíblico até ele revelar tudo o que esconde atrás das letras ou dentro das palavras. Depois, eles transmitem ao público o fruto de suas pesquisas, o que alimenta o conhecimento e a forma de anunciar a Palavra de Deus e, ainda, faz germinar toda a ação pastoral da Igreja. Hoje, há uma variedade de métodos e de abordagens para a interpretação da Bíblia. Podemos consultar, por exemplo, *A interpretação da Bíblia na Igreja*, da Pontifícia

Comissão Bíblica de Roma (São Paulo: Paulinas, 1994) e a *Exortação apostólica pós-sinodal* Verbum Domini, *sobre a Palavra de Deus na vida e na missão da Igreja* (São Paulo: Paulinas, 2010).

VARIEDADE DE MÉTODOS

Método é uma palavra que tem raiz na língua grega:
Met – ir além de + *ódòs* = a caminho, movimento
Jesus diz: *Ego eimi ódòs*: Eu sou o caminho!
Ninguém vai ao Pai senão por mim (Jo 14,6)

Método:
um caminho, um "guia" que leva para mais longe,
que ajuda a alcançar o objetivo,
um movimento que direciona para Deus,
uma luz que orienta para a felicidade.

O método bíblico é uma ajuda para alcançarmos o conhecimento e a prática da Palavra de Deus, para que ela ilumine as realidades da vida presente e nos ajude a alcançarmos a vida eterna.

Nós vamos usar ferramentas mais simples, ou seja, sugestões metodológicas muito práticas, que podemos até chamar de "populares", porque estão ao nosso alcance e podemos aplicá-las em nossa ação pastoral. Contudo, isso não quer dizer que não possamos progredir no estudo até alcançarmos métodos mais elaborados. Se formos pessoas que se dedicam, com paixão, ao estudo, desejaremos aprofundar-nos sempre mais nos conhecimentos e nas propostas da Bíblia, a fim de descobrirmos melhor quando ela é Palavra de Deus para nós e quando é somente palavra humana; quando o relato é exato, quando é verdadeiro e, assim, podermos atualizar de forma mais adequada a sua mensagem e "o sentido expresso pelos textos bíblicos quando são lidos sob a luz do Espírito Santo no contexto do mistério pascal de Cristo e da vida nova que dele resulta" (VD 37).

OS MÉTODOS BÍBLICOS CONFRONTAM FÉ E VIDA

Os métodos bíblicos práticos sempre colocam nossa fé numa linha de vivência da Palavra, por esse motivo nos ajudam a ser mais críticos e instigam a buscar novos conhecimentos, novas formas de encontrar a mensagem que o texto bíblico quer oferecer. Não podemos negar que o avanço das ciências contribuiu para aprimorar nossos métodos de leitura e interpretação da Palavra, na Igreja: "Para se comunicar, a Palavra de Deus se enraizou na vida de grupos humanos (cf. Ecl 24,12-14) e traçou a si mesma um caminho através dos condicionamentos psicológicos das diversas pessoas que compuseram os escritos bíblicos. Resulta disso que as ciências humanas – em particular a sociologia, a antropologia e a psicologia – podem contribuir para uma melhor compreensão de certos aspectos dos textos e do comportamento das pessoas".

Em geral, os métodos baseiam-se:
- na leitura, estudo e oração com a Bíblia;
- nas fontes da Tradição oral e da Tradição escrita;
- nas fontes dos pais e mães da Igreja – a patrística;
- no estudo proposto pelos sábios de Israel, na leitura rabínica da Bíblia;
- nas fontes dos documentos e do Magistério da Igreja;
- nos símbolos e sinais litúrgicos e celebrativos;
- na ajuda de outras ciências, ou seja, na interdisciplinaridade, como, por exemplo:
  – literatura – linguística;
  – história – arqueologia;
  – filosofia – teologia – espiritualidade – patrística;
  – sociologia – antropologia – psicologia – psicanálise – biologia;
  – artes;
  – comunicação – informática – cibernética;
  – e outras ciências que forneçam elementos preciosos para a compreensão e a prática da Palavra de Deus.

O método abrange a Tradição oral e a Tradição escrita das Sagradas Escrituras.

O que é "Tradição oral" e "Tradição escrita"? A Tradição oral se refere ao grande período em que a Bíblia foi transmitida de boca em boca, por muitas gerações, por mais de novecentos anos. E a Tradição escrita diz respeito ao período que a Bíblia levou para ser escrita e chegar até nós como a conhecemos hoje, aproximadamente outros novecentos anos.

Portanto, podemos comparar esses dois períodos a duas gestações. A Tradição oral é muito importante, porque ela é como a alma da letra. Ela é vida, pois esconde atrás do texto ou dentro das palavras o sentido pleno da experiência feita por um povo que se denomina povo da Bíblia ou povo de Israel, e quer significar: "povo de Deus". A Tradição escrita é igualmente importante, porque nos permite ler e conhecer a história, a vida do povo da Bíblia e nos leva a buscar o sentido profundo da experiência diante do Deus que se revela a um povo e entra em relação com ele. Assim, as duas tradições, hoje, iluminam vida e Bíblia. Ambas são o jeito que o povo da Bíblia encontrou para guardar sua história e sua identidade; foram elas que permitiram à Bíblia chegar até nós, trazendo-nos toda essa riqueza da Revelação e da comunicação de Deus com seu povo, e em continuidade vem a "Tradição viva da Igreja", que continua a interpretação e transmissão dessa revelação divina. Por essas *três formas de tradição* hoje, também nós, podemos conhecer o modo como Deus se revela e entra em relação com o ser humano; que ele é um Deus pessoal e comunitário, que jurou estar sempre do lado do ser humano, criado à sua imagem e semelhança.

O método dos sete passos

Esse método é abordado melhor na narrativa de Lucas em At 8,26-40. Filipe parece conhecer bem o texto, vindo a ele, talvez, pela "Tradição oral", tendo sido escutado várias vezes nos ofícios sinagogais de sua terra.

O Espírito Santo age tanto no leitor quanto no "assessor", e o texto deixa evidente a necessidade de um método não só para a leitura, mas também para a interpretação e transmissão. O estrangeiro etíope pouco conhece do que lê, apenas capta o sentido literal de uma leitura simples, pois se sente atraído por ela e, ao mesmo tempo, confuso por não saber a quem o texto se refere. Começa, então, o diálogo entre o leitor e o "assessor", a quem é pedida ajuda para se fazer uma boa interpretação do texto: "Como posso entender, se não há quem explique?".

Segundo a *Bíblia do Peregrino*, a palavra "explicar", na língua grega, também significa "guiar". Filipe (como assessor, ou monitor do leitor) propõe-se a guiar o etíope em sua leitura para dar-lhe o sentido profundo da mensagem, pois o leitor não sabe identificar o personagem a quem o texto se refere. Texto de difícil interpretação! Portanto, identificar o personagem significa compreender o texto. A isso Filipe se dispõe em sua evangelização, porque não basta *explicar*, faz-se necessário *guiar*, acompanhar, levar mais longe, até que o leitor seja capaz de praticar o que a Palavra Sagrada sugere. O Novo Testamento parece estar bem atento e consciente de que tanto a leitura quanto a transmissão da Palavra, entendida como Escritura Sagrada e Palavra de Deus, necessita de "guias" para alcançar seu objetivo. A comunidade de Lucas nos oferece dois métodos bem claros. Um no relato do "caminho de Emaús" (Lc 24,13-31), que será analisado mais adiante, e outro "no caminho do Etíope" (At 8,26-40), que veremos a seguir.

Analisando atentamente o texto, descobrimos sete passos importantes para um bom estudo da Bíblia e para uma eficaz evangelização. Vejamos:

MÉTODO DOS SETE PASSOS

At 8,26-40

1. *Escutar* e acolher o texto antes de ajudar a outros;
2. *Escutar* o texto e o contexto: vv. 26-29a;
3. *Aproximar-se*, estar junto, "guiar": v. 30;
4. *Perguntar*, questionar, acolher: vv. 31-35;
5. *Explicar*, anunciar, catequizar, evangelizar, provocar desejo de conversão e de crescimento da fé: vv. 36-37;
6. *Concretizar* o anúncio e orientar para o futuro: v. 38;
7. *Libertar* e permitir que a pessoa continue progredindo sem a presença do assessor e que, por sua vez, se torne evangelizadora: vv. 39-40.

Mediante esse texto, compreendemos a necessidade de um método que, de fato, funcione como "guia" de leitura e de prática da Palavra para toda pessoa que deseja, "de coração sincero", servir a Deus, não importando se pertence ou não à nossa Igreja ou à nossa comunidade de fé.

"O que me impede receber o Batismo?" É como dizer: "abriram-se os olhos e ardeu-lhe o coração" enquanto lhe explicava as Escrituras e acontecia a evangelização (cf. Lc 24,30-33).

Muito ajudará a nossa ação bíblico-pastoral a declaração final elaborada no Primeiro Encontro de Animação

Bíblica da Ação Pastoral da América Latina e do Caribe (FEBIC-LAC), traduzida do espanhol por Irmã Maria Eugênia Lloris Aguado: "Vamos percorrer este texto bíblico como fonte inspiradora do itinerário que queremos propor a todos os membros da Igreja, começando pelos nossos pastores e seguindo pelos animadores de Animação Bíblica Pastoral (ABP)".

"Levanta-te e vai até ao sul... ele levantou-se e partiu."

- Hoje também o anjo do Senhor nos convida a levantar-nos corajosos e cheios de esperança, para percorrer novos caminhos a serviço da Palavra na Igreja da América Latina e do Caribe que, no encontro de Aparecida, nos convida a sermos discípulas e discípulos missionários.

"O Espírito disse a Filipe: 'Aproxima-te'..."

- Hoje também o Espírito nos convida a aproximar-nos da realidade concreta de nossos povos para reconhecer nela a presença de Deus. Ao olharmos para nossos irmãos, podemos descobrir, com eles, o rosto de Cristo nos mais sofridos: situações dramáticas de injustiça, marginalização e dor. Olhar e ver também a capacidade de alegria e esperança que transborda e se revela na diversidade cultural, no canto, na dança, na criatividade e na fortaleza de nosso povo.

Queremos ser Igreja discípula e missionária que, sem medo, se aproxima dos irmãos e irmãs de nosso continente; uma Igreja rica na fé em Cristo e na força

41

da Palavra... Grande presente para oferecermos nos dias de hoje.

"Compreendes o que estás lendo?"
"Como posso entender, se ninguém me explica?"

- Hoje, como Filipe, queremos ter uma escuta atenta das perguntas e questionamentos, explícitos ou não, dos homens e mulheres de nosso tempo: Eles compreendem sempre o sentido de suas vidas, dos acontecimentos, das buscas, dos sonhos, dos encontros e desencontros?
Para responder não há receitas mágicas. O dom da Palavra abre sempre caminhos inesperados! Deus sempre nos surpreende com seu amor!
A partir da Animação Bíblica Pastoral (ABP), queremos ser Escola de Interpretação da Palavra, para ajudar o povo a entender as Escrituras e a transitar com segurança nos apelos dos textos bíblicos, a fim de conseguir uma leitura compreensiva que alimente a fé, a espiritualidade e o compromisso missionário.

"Filipe tomou a palavra e, começando por este texto da Escritura, anunciou-lhe a Boa Notícia de Jesus."

- Filipe parte do texto, mas não fica só nele. A partir do texto revela a presença de Jesus Cristo, Palavra eterna e definitiva do Pai.

Também nós cremos que a Escritura é insubstituível para a interpretação da realidade de nossos povos, por isso, é importante que todas as famílias tenham acesso a uma boa tradução da Bíblia.

Porém, não podemos ficar só na letra: o Espírito do Ressuscitado converte o texto bíblico em mediação privilegiada do encontro com Jesus Cristo. Não somos uma religião do livro: Cristo é a Palavra que antecede e excede o texto. Por isso, a Animação Bíblica Pastoral (ABP) propõe uma leitura cristológica que tenha o Senhor Jesus como centro de toda a Escritura, o Espírito Santo como Mestre e Intérprete, e o Pai como fonte de Vida para todos os filhos de Deus.

A Palavra de Deus é fonte de espiritualidade e oração. A Animação Bíblica da Pastoral (ABP) dá muita importância à *Lectio Divina* (a Leitura Divina) e a todas as formas de Leitura Orante, para todos os membros da Igreja e para inspirar a conversão pastoral na Igreja.

O encontro vivo com Jesus Cristo é luz que ilumina, purifica e liberta nosso coração de todos os ídolos, dilatando nossa atitude de serviço e misericórdia para com os irmãos e irmãs de caminhada. Assim, a Animação Bíblica Pastoral atualiza a Palavra de Deus convertendo-se em "escola de comunhão".

"Filipe batizou o etíope."

- A palavra de Filipe iniciou o etíope na fé em Jesus Cristo; o Batismo o introduziu na comunidade dos crentes, comunidade da Palavra feita carne (Jn 1,14). Pelas palavras e sacramentos, pela mesa da Palavra e da Eucaristia, Jesus Cristo alimenta os seus.

Não lemos a Bíblia de maneira individualista; a Animação Bíblica da Pastoral (ABP) promove uma leitura bíblica na Igreja, mistério de comunhão e missão que vai regenerando nossa vida cristã (1Pd 1,22-25).

A Palavra de Deus anima toda a vida da Igreja, não só nos seus trabalhos, mas, sobretudo, no seu ser. Nesse sentido, a Animação Bíblica da Pastoral (ABP) não pode ser uma pastoral justaposta às outras; como o próprio nome indica, seu serviço é de animação de todas as expressões da vida e missão da Igreja para formar discípulos e discípulas missionários.

"O etíope seguiu alegre o seu caminho."

- O encontro com Jesus Cristo não termina na Bíblia nem em si mesmo, mas nos conduz à vida cotidiana com novas atitudes; a alegria do etíope é expressão de uma pessoa que, ao encontrar-se com Jesus na Palavra, achou o sentido da sua vida.

A Animação Bíblica da Pastoral (ABP) propõe um itinerário que, partindo de uma aproximação à vida concreta, se deixe iluminar pela Palavra para retornar, com novas motivações à vida, à comunidade, ao nosso povo simples, faminto da Palavra, a fim de transformar, com eles, este mundo segundo os valores do Reino.

Este caminho alegre o percorremos com nossos irmãos e irmãs das outras Igrejas e comunidades eclesiais, com quem compartilhamos o amor pela Palavra.

"Filipe, em todas as cidades por onde passava, anunciava a Boa Notícia."

- Como Filipe, somos membros de uma Igreja que se vai redescobrindo como anunciadora do Evangelho. "Ai de mim se eu não anunciar o evangelho!" (1Cor 9,16). A Escritura é mediação de salvação, ao revelar Jesus Cristo. Por isso, a Animação Bíblica da Pastoral (ABP) é "escola de evangelização inculturada", anunciando o Cristo, fonte de Vida plena para todos.

Num mundo plural e secularizado, muitas vezes fracionado e desumanizado, a Animação Bíblica da Pastoral (ABP) deverá aprender a apresentar a Boa Notícia de forma significativa, portadora de unidade e solidariedade, de dignidade e justiça para todos.

Ao concluir este I Encontro Latino-americano, conscientes de que a Animação Bíblica da Pastoral (ABP) é dom e tarefa, fazemos nossas as palavras de nossos pastores: "Conhecer a Jesus Cristo pela fé é nossa alegria; segui-lo é uma graça, e transmitir este tesouro aos demais é uma tarefa que o Senhor nos confiou ao nos chamar e nos escolher" (DAp 18).

"À Maria nossa Mãe, Senhora de Guadalupe, Mulher vestida de Sol, confiamos este novo caminho da Palavra em nossa Igreja da América Latina e do Caribe, para que nossos povos, nele, tenham vida."

O método da circularidade: o caminho de Emaús

É, de fato, um método circular, porque ninguém se sobrepõe. Todos se reúnem ao redor da Bíblia, buscando descobrir o que Deus quer hoje, para serem fiéis à vontade de Deus e à vida.

É importante que todos estejam unidos a essa *tríplice fonte* para sermos geradoras e geradores de vida. Realidade, comunidade e Bíblia, juntos, fazem circular a vida, como o coração faz circular o sangue sempre renovado.

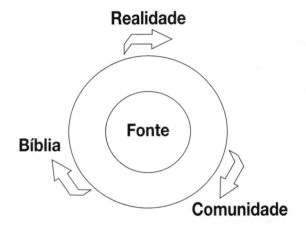

- No *contexto da realidade* há a experiência forte dos fatos da vida que precisam ser iluminados com os fatos da Bíblia: "O que andais conversando pelo caminho?"; "És tu o único peregrino em Jerusalém que não sabe o que aconteceu nestes dias?"; "Que foi?" (Lc 24,17-19).
- No *contexto bíblico* se dá a experiência pessoal que transforma a vida: "Então um disse ao outro: 'Não

estava ardendo nosso coração quando ele nos falava pelo caminho e nos explicava as Escrituras?'" (Lc 24,32).
- No *contexto comunitário*, se dá a experiência eucarística e existencial. "Fica conosco, pois já é tarde e a noite vem chegando! Ele entrou para ficar com eles, tomou o pão, pronunciou a bênção, partiu-o e deu a eles [...] eles o reconheceram" (Lc 24,30-31).
- A resposta é a ação imediata: o retorno à realidade – Jerusalém –, agora com outro olhar e com outra atitude. Inicia-se o caminho do discipulado missionário.

Paulo, o apóstolo, fez muitas vezes essa experiência da circularidade, por isso, podia dizer à comunidade de Corinto que Deus usa os fracos para confundir os fortes, os ignorantes para confundir os sábios (cf. 2Cor 3,17). *Emprenhar-se de Deus para parir Jesus*, esse é o objetivo final de toda a teologia, da catequese, da liturgia, da espiritualidade, da mística e de toda a ação evangelizadora; também da pedagogia, da metodologia e dos recursos didáticos. Tudo deve convergir para esse objetivo: Ficar grávidos de Deus para podermos anunciar Jesus.

Quem por primeiro descobriu a importância desse método da circularidade foi frei Carlos Mesters, ao apresentar o Primeiro Círculo Bíblico, interpretando o texto de Lucas, sobre a experiência pós-pascal dos discípulos de Emaús (Lc 24,13-35). Esse método recebeu vários nomes, como, por exemplo, Primeiro Círculo Bíblico, método do tripé, método dos três ângulos e *método da circularidade*. Por meio desse método, a Bíblia circula de mão em mão e de boca em boca. Assim circulam, também, as reflexões sobre a realidade, sobre as experiências pessoais e

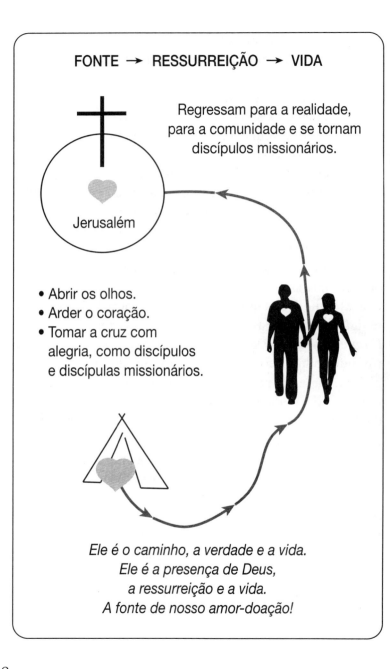

sobre a ação do Espírito Santo na vida das pessoas e das comunidades cristãs, da Igreja como um todo.

O método do memorial

O texto, o fato e a experiência, para que sejam um "memorial vivo", precisam ser compreendidos em seu significado profundo, atualizados e celebrados. O memorial deve fazer parte da Tradição oral e orante da Igreja. O "memorial" mantém viva a Identidade, a Revelação e a História da Salvação. Esse método consiste em contar e recontar, de pai para filho, de geração em geração, tudo o que Deus tem feito em favor do seu povo. Serve-se da lembrança dos fatos e das experiências importantes da História da Salvação, para atualizá-las nas festas e celebrações litúrgicas. O memorial guarda e transmite a identidade cultural e religiosa do povo e nos permite entender melhor o sentido verdadeiro dos acontecimentos bíblicos.

O *Shemá Israel* é o centro do "memorial" para todo bom israelita, e revela quanto é importante para o povo guardar e conservar sua fé, a fim de manter vivo o verdadeiro sentido da vida e da história (Dt 6,4-9).

As Sagradas Escrituras são o "testemunho" escrito da Palavra divina e o "memorial" canônico, histórico e literário que confirma o acontecimento da Revelação criadora e salvadora. A Palavra de Deus extrapola a Bíblia. É por isso que nossa fé não se fundamenta sobre um livro, mas sobre uma história de vida, uma pessoa: JESUS CRISTO – Palavra de Deus feita humano: Deus conosco! Isto é o que devemos buscar na Bíblia.

O Salmo 78 começa dizendo que vai construir um *memorial*: "O que ouvimos do passado, as coisas que nossos pais nos contaram, nós as contaremos às gerações futuras. Não as esconderemos de nossos filhos, mas falaremos a nossos descendentes a respeito do poder de Deus, dos feitos poderosos e das coisas maravilhosas que ele fez". Cada versículo do Salmo 78 constitui um quadro dependurado na parede da história.

Conta-se que o sábio fariseu Rabi Akiva, do século II E.C., morreu martirizado durante a perseguição do imperador Adriano, recitando o *Shemá*. Atualizando esse "memorial", ele teve forças para entregar sua vida livremente, testemunhando sua fé e seu amor ao UM – o único Senhor.

A comunidade joanina também recorda o "memorial da despedida" e o atualiza da forma mais profunda na Última Ceia: "Antes da festa da Páscoa, sabendo Jesus que tinha chegado a sua hora, hora de passar deste mundo para o Pai, tendo amado os seus que estavam no mundo, amou-os até o fim" (Jo 13,1). Cada palavra pronunciada neste contexto tem o sentido do "memorial testamentário". "Sereis felizes se fizerdes o que eu fiz". As comunidades de Marcos, Mateus e Lucas atualizam o memorial do culto, do sacrifício: "Tomai e comei isto é meu corpo. Tomai e bebei isto é meu sangue, sangue da nova e eterna Aliança que é derramado por vós. E todas as vezes que isto fizerdes, faze-o em minha memória" (cf. Mc 14,22-24; Mt 26,26-28; Lc 22,14-20). É o memorial do Novo Testamento. A palavra torna-se a própria identidade da pessoa – Jesus – que, num gesto supremo de amor, dá livremente a sua vida pela salvação de todos. Ele é o Cordeiro imolado, cujo sangue permanecerá como "memorial de salvação" para sempre e para todos. "E todas as vezes que isto fizerdes, fazei-o em 'meu memorial'!" (cf. Ex 12,14; 1Cor 11,23-25).

MÉTODO DO MEMORIAL

Hoje
Qual é o valor do memorial?
É importante para a educação da fé na catequese, na liturgia, na espiritualidade, lembrar textos, orações, acontecimentos que marcaram a história da salvação, para atualizá-la constantemente?

⬆ O *texto*,
o *fato*,
a *experiência*

para que sejam um memorial vivo, precisam ser compreendidos em seu significado profundo; atualizados e celebrados.
O memorial deve fazer parte da Tradição Oral e Orante da Igreja.
O Salmo 78 em seus 72 versículos constitui um memorial da história e da fé de nossos antepassados.

O MÉTODO DA *LECTIO DIVINA* (OU) LEITURA DIVINA E ORANTE DA PALAVRA

A Bíblia é um livro de fé. E, assim, ela gosta de ser lida, meditada e orada.

O QUE SIGNIFICA FAZER UMA LEITURA DIVINA E ORANTE DA BÍBLIA?

Fazer uma Leitura Divina e Orante da Bíblia significa tocar a presença de Deus com as mãos, porque a Palavra de Deus está repleta da presença de Deus. É entrar na intimidade dessa presença divina. Fazer a Leitura Divina e Orante da Palavra é tomar o texto bíblico e deixar que ele fale conosco sobre ele mesmo, e fale conosco sobre nós mesmos também, porque o texto sempre nos interpela, nos questiona. Fazer a Leitura Divina e Orante é, também, levar para dentro da Bíblia nossos problemas, lutas, dúvidas, inquietações, tudo o que compõe nosso dia a dia. E, assim, trazer para a nossa vida orientação, coragem, força, alegria, consolo, dinamismo. Descobrir a presença amorosa de Deus nos fatos da vida. É um entrosamento entre a Bíblia e a vida, a vida e a Bíblia.

QUAL É O MÉTODO PARA FAZER UMA BOA LEITURA DIVINA E ORANTE DA BÍBLIA?

Existem vários métodos para se fazer uma Leitura Orante, mas vamos apresentar o método da *Lectio Divina*, ou seja, da Leitura Divina e Orante da Palavra, aconselhado em toda a Igreja Católica. Já existe um bom número de pessoas que aprenderam a fazer essa leitura bíblica, graças à abertura oferecida pelo Concílio Vaticano II.

INTRODUÇÃO À LEITURA DIVINA E ORANTE DA PALAVRA

A Leitura Divina ou, em língua latina, *Lectio Divina*, é uma prática muito antiga dentro da Igreja Católica. Foi sistematizada pelos monges cartuxos, por volta de 1200 E.C. Em razão da Contrarreforma, na época de Lutero, esta prática se esfriou em meio às comunidades cristãs. Mas ela retomou seu novo impulso com o Concílio Vaticano II. Hoje passou a ser frequente entre os cristãos. Tornou-se alimento espiritual. Ela fortalece a fé do cristão, dando-lhe força para enfrentar as dificuldades do tempo presente e encher o coração de renovada esperança.

A Leitura Divina e Orante da Bíblia (não pode ser confundida com outras formas de Leitura Orante da Palavra), cujo nome vem da língua latina – *Lectio Divina* –, é um exercício muito simples e muito enriquecedor tanto para o conhecimento da Bíblia quanto para a vida espiritual pessoal e comunitária.

A *LECTIO DIVINA* OU LEITURA DIVINA E ORANTE DA BÍBLIA É UM EXERCÍCIO QUE PRECISA SER INDIVIDUAL OU PODE SER FEITO EM GRUPO?

É muito melhor que seja praticada em grupo, porque a Leitura Divina e Orante é um exercício principalmente comunitário. Porém, ela deve ser preparada com a reflexão, a contemplação e a prática individual. "Ninguém dá o que não tem", não é assim que reza o ditado? Muitas pessoas que já fazem essa Leitura da Palavra, primeiro a fazem sozinhas, individualmente, para depois poderem partilhar melhor quando a prática for grupal ou comunitária.

ALGUMAS PESSOAS PERGUNTAM SE EXISTE UMA PERIODICIDADE NECESSÁRIA PARA ESTE EXERCÍCIO ESPIRITUAL

Quando a Leitura Divina e Orante é preparada por uma prática de leitura diária da Palavra, a pessoa cresce na fé. Como prática comunitária, porém, é aconselhável que seja feita uma vez por semana, tomando textos curtos e completos de forma que o texto seja realmente meditado e assimilado por todas as pessoas do grupo. Pode-se, por exemplo, começar pelo Evangelho de Lucas, que apresenta narrativas mais conhecidas, e/ou pelo Evangelho dos domingos, assim ela nos alimentará para viver a Palavra durante a semana.

O QUE ESTA PROPOSTA DA LEITURA DIVINA E ORANTE DA PALAVRA PODE TRAZER DE NOVO?

A novidade, com certeza, será o apaixonamento ou o encantamento pela Palavra de Deus, que nos vem de forma tão direta e simples para iluminar nossa vida. Os discípulos de Emaús, em Lc 24,13-31, experimentaram exatamente isso: "'Não é verdade que nosso coração ardia enquanto ele nos explicava, pelo caminho, as Escrituras?'. E voltaram apressadamente para partilhar com os companheiros da comunidade de Jerusalém", de onde se haviam retirado ou, talvez, fugido por medo da cruz (cf. Lc 24,32-33). Essa é a novidade. A prática dessa leitura esclarece nossa fé. É muito importante ter uma fé esclarecida, uma fé que não se deixa levar pelo sopro de qualquer vento de modismos religiosos. É uma prática que vai firmando nossa fé sobre a rocha (cf. Mt 7,24-26; Lc 6,47-49). A fé esclarecida é um tesouro, com certeza! Enquanto uma fé "ingênua" não esclarecida é pobreza, é atraso espiritual.

QUAIS PODERIAM SER AS MAIORES DIFICULDADES, OU EXIGÊNCIAS, PARA UMA LEITURA DIVINA E ORANTE PROVEITOSA?

As maiores dificuldades poderiam ser:
- Encontrar orientação segura ou onde buscar essa orientação.
- Assegurar-se de que pertencemos a um bom grupo de estudo ou de oração.
- Perseverar no grupo da Leitura Divina e Orante da Palavra. Mas não só perseverar, como também

ser fiel ao grupo ou à comunidade. Não "pescar" um pouco aqui, outro pouco ali. Participar com fidelidade, fé, humildade e confiança.
- Fazer uma partilha breve, clara e respeitosa. Deixar que todos falem. Não dar lições de moral nas pessoas, pois isso seria muito prejudicial e faria com que deixasse de ser uma Leitura Divina da Palavra.
- Acolher a todos, escutar atentamente, admirando a experiência, a partilha de cada participante.
- Produzir frutos de conversão, o que não é fácil. Exige muito exercício e fé.

QUE BENEFÍCIOS AS PESSOAS QUE PRATICAM A LEITURA DIVINA E ORANTE DA PALAVRA PODEM USUFRUIR?

As pessoas que praticam essa leitura na comunidade com certeza estão colaborando para mantê-la mais unida, mais solidária e pronta a arregaçar as mangas a fim de ajudar a quem mais necessita. A Leitura Divina e Orante da Palavra torna os cristãos mais alegres e mais comprometidos com o Reino de Deus e a sua justiça.

Porque a Palavra "que faz arder o coração" é a mesma que "abre os olhos" e impulsiona a tomar decisões, a "obedecer a Deus antes de obedecer aos homens". A família que pratica a Leitura Divina e Orante da Palavra se manterá mais unida e terá menos problemas na educação dos filhos. Não porque a Bíblia elimine os problemas, mas porque ela ajudará os filhos a respeitarem os pais e os pais a demonstrarem o verdadeiro amor a seus filhos. Ela ajuda a melhorar as relações. A Palavra de Deus sempre une o que é bom, nunca o divide. É por isso que ela chama de *diábolus* todo aquele que provoca divisões, quer seja na comunidade, na família ou no próprio indivíduo. *Diábolus* é o contrário de *simbolus*. Símbolo é o que une e que revela a parte escondida de uma realidade, como, por exemplo, a aliança que os casais usam simboliza e mostra a união das duas partes que formam o casal.

É VERDADE QUE, ÀS VEZES, ALGUMAS PASSAGENS BÍBLICAS SÃO DE DIFÍCIL COMPREENSÃO. O QUE FAZER QUANDO NÃO SE CONSEGUE CAPTAR A IDEIA CENTRAL? QUANDO NÃO SE CONSEGUE ENTENDER BEM A SIMBOLOGIA?

Aí está outra vantagem da Leitura Divina comunitária. Aquilo que é difícil para um, pode não ser para outro. E, assim, a comunidade vai se ajudando mutuamente na compreensão da Palavra. Há uma circularidade da Palavra que, indo de mão em mão, de boca em boca, de coração a coração, vai arrancando de dentro de cada um o saber divino e acaba por se tornar mais fácil e muito apaixonante. A Leitura Divina e Orante da Palavra não é estudo. O estudo se faz no curso bíblico. É uma Leitura Divina e Orante da Palavra: o título já diz que é divina leitura em oração. É uma oração transformadora que leva à prática da fé batismal, que restaura continuamente nossa imagem e semelhança com Deus. É uma oração que faz o cristão tornar-se mais consciente de seus deveres e das alegrias que decorrem dessa prática da fé.

Certamente, podemos buscar ajuda e esclarecimento em bons livros. "Bons", porque nem todos os livros sabem orientar bem esse maravilhoso exercício da compreensão da mensagem bíblica. Alguns levam a uma leitura que chamamos de fundamentalista, ou seja, uma leitura que fixa o olhar da compreensão bem "ao pé da letra". Pensam que tudo aconteceu igualzinho ao que está escrito e não conseguem entender o simbolismo ou a comparação, ou não conseguem alcançar a mensagem que o texto bíblico está querendo propor. As dificuldades maiores podem acontecer, sobretudo, quando lemos o Primeiro Testamento, que foi escrito numa época muito distante da nossa e de muitas maneiras, com muitos gêneros literários diferentes, cheios de símbolos, sinais e comparações que hoje necessitam ser reinterpretados.

NUM MUNDO TÃO DESIGUAL E VIOLENTO, COMO PODEMOS ANIMAR AQUELAS PESSOAS QUE SENTEM SUA FÉ ABALADA?

Esta é uma pergunta muito séria e bem frequente. Sempre é possível convidar essas pessoas a participarem do grupo e/ou da comunidade onde há uma prática da Leitura Divina e Orante da Palavra. Podemos animá-las a fazer a experiência viva e vivificante da presença de Deus na Palavra e na própria vida. Encorajar as pessoas, para que não desistam diante das dificuldades, antes, sejam cristãos que ajudam a transformar essa realidade obscura e, às vezes, cruel, numa realidade onde apareça o Reino de Deus que é: justiça, partilha, perdão, bondade e todas as coisas boas e belas de que fala o Evangelho de Jesus Cristo. Olhar como se comportaram tantos cristãos e cristãs que viveram sua fé bem antes de nós e, quem sabe, no meio de dificuldades maiores que as nossas.

A Leitura Divina e Orante da Bíblia é uma prática simples e muito confortadora. É um "guia" seguro que, além de esclarecer, firma nossa fé no Deus de Jesus Cristo, no Deus que é Pai materno, no Deus que está sempre presente na vida de todos os seus filhos e filhas, aos quais ele tanto ama. Com essa forma de ler a Palavra vem a prática das boas obras; com a prática das boas obras, vem a solidariedade e a fraternidade e, com esta, vem o prazer de sentir-nos filhos e filhas desse Deus que é Abba, "papai", com ternura de "mamãe".

PASSOS PARA A LEITURA DIVINA E ORANTE DA PALAVRA

Quanto ao método, vamos apresentar o dos quatro passos, elaborado pelo monge Guigo, no século XII. Porém, a *Lectio Divina* tem uma história longa. Suas raízes remontam ao Primeiro Testamento na época dos fariseus, que contou com grandes mestres de Israel, chamados de "sábios de Israel". Seguindo a figura adiante, você terá um breve relato da trajetória da *Lectio Divina*, mesmo que no início não tenha recebido esse nome.

Essa prática tem início com os fariseus, segue com os monges de Qumrã, continua com os primeiros "Padres da Igreja" e, depois deles, perde-se no tempo. No século XII retorna com o monge Guigo, que formula os quatro degraus da "Escola do Claustro". Perde-se outra vez no meio das lutas, para retornar depois do Concílio Vaticano II, em torno da década de 1970. Na América Latina o seu promotor é frei Carlos Mesters, enquanto

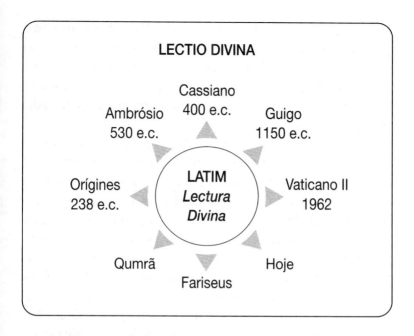

na Europa o Cardeal Martini a desenvolve em seus escritos. Assim, a Leitura Divina e Orante chega até nós, e hoje é muito recomendada pela Igreja.

Vejamos agora os passos de sua metodologia:

Primeiro passo: a leitura

Ler atentamente o texto várias vezes (pelo menos duas). Se estiver em grupo, é conveniente fazer a leitura do texto em traduções diferentes, isso porque cada tradução quer atingir um propósito. Por exemplo: a *Bíblia de Jerusalém* tem o objetivo de ajudar nos estudos bíblicos; já a *Bíblia na linguagem de hoje* deseja apresentar uma leitura fácil, corrente, com frases curtas e com linguagem bem atual; a *Bíblia da CNBB* tem por finalidade ajudar na catequese e na liturgia; a *Bíblia do Peregrino* tem por objetivo ajudar a ler os textos poéticos, e assim por diante. No Brasil, hoje, temos mais de treze traduções com diferentes objetivos. Então, é importante escutar cada tradução para poder entender melhor a mensagem do texto que se está lendo.

Mas só ler? Não. Ler e ir interpretando, fazendo-se perguntas: Quem está falando neste texto? Com quem ou para quem está falando? Quais são os assuntos e qual o principal? Que sentimentos as pessoas estão expressando ao falar? Às vezes o sentimento é de paz, de bondade, de perdão; outras vezes pode ser de tristeza, de aflição ou até de guerra, de raiva e inveja. Com as perguntas que fazemos ao texto, vamos entender melhor o que estamos lendo. Depois disso, escolher um versículo, aquele que mais chamou nossa atenção, e ficar com ele na memória, no coração, para podermos entrar no passo seguinte. O Pe. João Roatta, sacerdote paulino, homem de fé e amante da Bíblia, recomendava ler a Bíblia acompanhando com o dedo e que se parasse na palavra que nos tocasse mais até o dedo queimar.

Segundo passo: a meditação ou ruminação

Isso mesmo! Ruminar o versículo que guardamos na memória afetiva, que marcamos com nosso dedo e, diante desse versículo, fazer uma espécie de exame da nossa vida. É o momento da concentração junto ao texto. É o momento de escavar mais fundo, de revolver o texto de vários lados, podendo até compará-lo com outros textos (versículos), parecidos com o que estamos meditando. É, também, o momento em que o leitor quer que o texto lhe mostre a verdade da mensagem, tanto das pessoas ou comunidades da época em que foi vivido quanto do período em que foi escrito e, também, nos dias de hoje. Pare e atualize o texto! Então, faça a seguinte pergunta: O que esse texto diz para mim hoje, para minha comunidade, para minha família e para a nossa sociedade, para a nossa Igreja?

Mas como fazer a meditação ou a ruminação?

Os monges ensinam a usar a nossa razão, a inteligência e descobrir a verdade que está oculta atrás das letras do texto em questão. Eles dizem que é preciso dialogar com o texto e com Deus, perguntando o que há de diferente ou de semelhante entre a situação que aparece no texto e a atual. A meditação auxilia a entender o texto bíblico, olhando para a nossa experiência de vida e comparando-a com a que aparece no texto. A Bíblia ajuda a ler a vida, mas também a vida ajuda a ler a Bíblia. São Jerônimo diz que pela leitura se atinge a casca do texto (a letra), mas, com a meditação, se alcança o fruto saboroso do espírito. São Paulo, o apóstolo da Palavra, adverte que, se ficarmos somente na letra, ela mata, mas, se atingirmos o espírito, ele vivifica (cf. 2Cor 3,6). Assim, podemos ir para o próximo passo.

Terceiro passo: a oração

Orar o texto e com o texto. É um momento bonito, no qual vamos falar com Deus. Ele falou conosco na leitura e na meditação, fazendo-nos conhecer sua mensagem, que é dirigida também a cada um de nós. Agora, vamos responder para ele com a pergunta: O que é que o texto me faz dizer a Deus? Veja só que pergunta inteligente. É o próprio texto quem vai dar as dicas do nosso diálogo com Deus e, em forma de oração, eu me dirijo a Deus, a Jesus, ao Espírito Santo, numa fala, como, por exemplo: "Meu Deus, tua palavra mostrou-me por onde eu ando e o que devo mudar em minha vida. Eu te agradeço muito"; "Jesus, estou arrependido por ser ainda tão orgulhoso e covarde. Ajuda-me a ser melhor". Cada um saberá como falar com Deus. Mas é fala. Não é discurso. É de fato uma Leitura Divina Orante. Assim, por meio dessa oração bem simples, mas sincera e profunda, entramos no quarto passo.

Quarto passo: a contemplação/ação

É o passo silencioso. É o momento da interiorização. É o momento em que saboreamos o texto, saboreamos nosso contato com a "Palavra de Deus" e a entendemos como: palavra da salvação. Saboreamos o próprio Deus! Por isso ficamos em silêncio, de olhos fechados, pois não precisamos mais olhar o texto. Ele já está escrito dentro de nossa memória afetiva, como dizemos: no coração. E, nesse silêncio, a nossa consciência fala e nos diz o que devemos fazer, onde melhorar e, assim, nos sugere – no coração – a ação que devemos praticar como nos aconselha São Bento: "trabalhe e contemple, contemple e trabalhe". É também o momento do enamoramento da Palavra, um momento realmente divino.

Se formos fiéis a essa Leitura Divina e Orante da Palavra/*Lectio Divina*, vamos colher muitos frutos de mudança de atitudes e nossa vida vai se tornar mais feliz, porque mais próxima do objetivo final de nossa existência: "ver a Deus face a face" (cf. 1Cor 13,12).

OITO PONTOS PARA ORIENTAR A LEITURA DIVINA ORANTE PESSOAL E DIÁRIA DA BÍBLIA

LEITURA

1. Iniciar, invocando o Espírito Santo.

2. Leitura lenta e atenta do texto.

3. O que o texto está falando?
   Quem está falando?
   Qual o assunto?

OITO PONTOS PARA ORIENTAR A LEITURA DIVINA ORANTE PESSOAL E DIÁRIA DA BÍBLIA

MEDITAÇÃO

4. Escolher o versículo que mais me tocou.
   O que ele fala para mim?
   Lembrar outros textos bíblicos semelhantes.

Cada frase...
Escutar...

ORAÇÃO

5. Oração. Rezar o texto, respondendo a Deus.
   O que o texto me faz dizer a Deus?

Interior pessoal

Exterior social

Transcendente Sonho

OITO PONTOS PARA ORIENTAR A LEITURA DIVINA ORANTE PESSOAL E DIÁRIA DA BÍBLIA

CONTEMPLAÇÃO

6. Contemplação. Permanecer em absoluto silêncio.
Apaixonar-se pela palavra de Deus.
Enamorar-se de seu amor.

7. Colocar em prática aquilo que a Palavra pediu. Formular um compromisso que ajude a ser melhor.

AÇÃO

8. Rezar um salmo apropriado.

O MÉTODO DOS SÁBIOS DE ISRAEL

É importante conhecer como os sábios de Israel procuravam ler e compreender os textos "sagrados" para aprofundarmos, ainda mais, o método da *Lectio Divina*, a Leitura Divina e Orante da Palavra. Esses homens, sábios, sempre tiveram a preocupação de entender e compreender bem as palavras da Bíblia, que para eles são palavras da Torá. A Torá raramente significa lei, no sentido da "lex romana". A Torá tem um sentido amplo e incontestável de *a sabedoria de Deus, o ensinamento de Deus para a humanidade, o caminho para alcançar a felicidade*. Ela é também um *método*, um *caminho*, um *guia*. Os sábios de Israel compreendem a Torá como uma ordem explícita de Deus, por isso é necessário obediência às suas orientações. Mateus nos diz que Jesus também entendeu assim a *ToRaH* (Torá): "não pensem que vim abolir a Lei (Torá) ou os profetas. Não vim revogá-los, não, mas vim para dar-lhe pleno cumprimento" (5,17), ou seja, vim para ajudar a interpretar a "sabedoria de Deus, o seu ensinamento", para que vocês possam praticá-lo e serem felizes. Basta ver como foi a vida de Jesus.

A Torá compreende todo o Pentateuco, ou seja, os cinco primeiros livros da Bíblia: Gênesis, Êxodo, Levítico, Números, Deuteronômio, incluindo os comentários dos sábios de Israel a estes livros.

O MIDRAXE COMO MÉTODO DE INTERPRETAÇÃO DAS ESCRITURAS

Midraxe origina-se da palavra hebraica *DeRaSH* (drasch), e é o jeito, a forma, o trabalho, a busca da prática das palavras da *ToRaH* (Torá). "O Midraxe" nasce na comunidade farisaica. Mas o farisaísmo não foi ainda suficientemente compreendido pelo cristianismo nem descobrimos ainda toda a força e a energia vital dos fariseus e do judaísmo rabínico, no que se refere à interpretação das Escrituras Sagradas, comuns a judeus e cristãos.

Toda celeuma contra os fariseus nas narrativas dos Evangelhos deve ser compreendida como "armadilha" que os "maus fariseus" colocavam à missão, ao ensinamento de Jesus e, depois da morte de Jesus, também aos discípulos e discípulas dele, dentro das sinagogas e das primeiras comunidades cristãs. Entretanto, não podemos generalizar falando simplesmente no plural: "os fariseus". Em todas as instituições e religiões há "os bons" e "os maus". Também ofendemos a linguagem ecumênica e desrespeitamos os judeus, quando dizemos a alguém: "você é um fariseu!". Da mesma forma devemos evitar o uso do verbo "judiar" ou "judiação".

QUEM SÃO OS FARISEUS GENUÍNOS?

O nosso conhecimento da história dos fariseus e do farisaísmo é ainda imperfeito e, como falamos antes, a resposta é exatamente o contrário do que se espera a partir das críticas colocadas nos Evangelhos contra esses sábios. "Fariseus são aqueles que fazem a vontade do Pai do céu porque o amam! E não porque o temem", é assim que os define Nathan Sububel. Os fariseus defendiam a interpretação e discussão dos textos bíblicos, mesmo que fossem conflitivos, e acabaram criando escolas para essa interpretação, como, por exemplo, a escola do Rabi Hilel, um dos maiores sábios do farisaísmo que marcou seu tempo e teve muitos discípulos. Hilel era de mentalidade aberta e suas instruções são válidas até hoje. Paulo de Tarso, o apóstolo de Jesus Cristo, se declarou abertamente fariseu desde seu nascimento e também de "tendência mais radical" (cf. Fl 3,4-6), segundo a escola do grande mestre Gamaliel. Nos Evangelhos nomeia-se, também, Nicodemos e José de Arimateia.

Os sábios fariseus liam as Escrituras, extraindo delas o que estava oculto ao olhar literalista, mas que se tornava visível ao *olhar interpretativo simbólico* e *espiritual,* capaz de *ir além* do que está escrito. Graças a essa forma de ler e compreender é que os fariseus encontram nas Escrituras o que forma, por assim dizer, a espinha dorsal da sua expressão de fé, pois eles acreditavam: na imortalidade da alma, na ressurreição dos mortos e na "esperança messiânica".

Por conhecermos pouco e mal a história do farisaísmo, bem como sua leitura e interpretação da Bíblia é que, hoje, costumamos chamar de "fariseus" as pessoas legalistas, hipócritas, fingidas, falsas. Mas precisamos crescer e esclarecer-nos mais sobre a contribuição de muitos fariseus que passaram para a história como os sábios de Israel e nos legaram um método maravilhoso para ler e interpretar corretamente as Sagradas Escrituras. Hoje, podemos comparar o método dos sábios fariseus com o da *Lectio Divina/Leitura Divina e Orante da Palavra*.

OS QUATRO NÍVEIS DE LEITURA DAS ESCRITURAS SAGRADAS

Os fariseus – "sábios de Israel" – classificam a leitura das Escrituras em quatro níveis. Esses quatro níveis indicam a dedicação, o interesse e a profundidade com que o leitor lê e compreende as Sagradas Escrituras. São eles:

1. Nível: *PeSHaT* = simples. É a leitura simples. O leitor lê o texto da Bíblia e forma, com sua imaginação, as imagens que ele lhe oferece. Fica com aquilo que as palavras dizem. Não vai além. As pessoas que ainda não aprenderam a fazer a leitura simbólica e espiritual dos textos estão neste primeiro nível: *PeSHaT*, que significa simples. Quer dizer que é uma leitura ao pé da letra, um leitura com olhar literalista. Por exemplo, ao lerem as narrativas do livro do Gênesis, capítulos 1 a 11, entendem-nas da forma como está escrito: Deus criou o mundo em sete dias; tirou a mulher da costela do homem e assim por diante. Isso, porque ainda não aprenderam a ler sob o olhar interpretativo, simbólico e espiritual. Este primeiro nível de leitura do método dos fariseus corresponde ao primeiro passo da Leitura Divina e Orante da Palavra: *ler o texto*.

2. Nível: *ReMeTZ* = insinuação. O leitor começa a desconfiar que deve existir alguma coisa escondida por detrás do texto ou dentro das palavras que o autor empregou na sua época. O texto insinua, instiga e empurra a buscar mais, a ir além, a estudar e a comparar. É o momento em que o leitor começa a adquirir o olhar interpretativo. Este segundo nível: *ReMeTZ*, que significa insinuar, fazer desconfiar, corresponde ao segundo passo da Leitura Divina e Orante da Palavra: meditação, ruminação. Então, os mesmos capítulos de Gênesis, mediante a busca do sentido simbólico e espiritual, podem ser entendidos de uma outra forma, sendo revelada a mensagem que eles realmente querem transmitir.

3. Nível: *DeRaSH* = revolver, escarafunchar, revirar. O leitor, neste nível, entra profundamente no texto por meio de uma pesquisa mais cuidadosa e de uma leitura muito atenta. O texto, antes obscuro, começa a revelar-se e dizer o que está escondido atrás de suas letras e dentro de suas palavras, deixando aparecer o seu conteúdo mais profundo, a sua verdadeira mensagem, aquela que vem de Deus. Este terceiro nível: *DeRaSH*, que significa revolver o texto até encontrar a vontade de Deus, corresponde ao terceiro passo da Leitura Divina e Orante: oração, diálogo, escuta profunda, encontro com Deus inspirado pelo próprio texto.

4. Nível: *SoD* = segredo, mística. É o momento mais profundo. É quando a relação com Deus se estabelece no íntimo, no coração do leitor, independente do texto, não em razão de este não ser mais

necessário, mas porque, com a prática progressiva dos três níveis anteriores, esse texto já está no coração, na memória afetiva! Portanto, é o momento do "namoro". Podemos dizer que este nível *SoD*, que significa segredo, mística, é o último nível no contato com o texto sagrado, pois é o momento no qual se dá a contemplação, o silêncio profundo e falante.

Este nível de leitura corresponde ao quarto passo da Leitura Divina e Orante: *contemplação/ação*. O texto lido, meditado e aprofundado interage na vida do leitor, levando-o ao encantamento e à ação. Podemos dizer que é quando se dá o "milagre" da mudança de atitudes; é o momento no qual o texto se torna verdadeiramente – "Palavra de Deus" – "palavra da salvação", palavra transformadora: canção do coração!

Vamos acrescentar duas vogais à raiz da palavra hebraica *PRDS*, cuja consoante inicia a palavra de cada um dos quatro níveis, e teremos a feliz surpresa: *PaRDéS*, que significa: pomar, jardim, paraíso. Deus, na sua infinita misericórdia e amor, devolve ao ser humano o *jardim*, o *PaRDéS*: paraíso, na língua portuguesa; *paradiso*, na língua italiana; *paradis*, na língua francesa, do qual o ser humano mesmo se expulsou mediante a desobediência à *ToRaH*: ao ensinamento de Deus, à sabedoria de Deus, à vontade de Deus, ao amor de Deus, que sonhava para nós a felicidade. Deus, então, compadecido, toma o jardim de dentro do seu amor e o coloca *dentro do coração do ser humano*. Por isso, a humanidade vive numa *busca constante* do Senhor do jardim.

Assim como reza o salmista:
Ó Deus, tu és o meu Deus, desde a aurora eu te procuro.
De ti tem sede a minha alma,
Anela por ti minha carne,
Como terra deserta, seca, sem água.

Sl 63(62)

MÉTODO DOS SÁBIOS DE ISRAEL

Os fariseus classificam a leitura das Escrituras em quatro níveis. Esses quatro níveis indicam a profundidade com que o leitor lê e compreende os textos sagrados. São eles:

1. Simples

2. Insinuação

3. Cavocar, escarafunchar, revirar

4. Segredo, mística

Essa leitura interpretativa e orante da Palavra, por meio dos quatro níveis ou dos quatro passos, é, seguramente, uma leitura que liberta das amarras do próprio texto e abre janelas novas para descobertas maravilhosas, transformadoras, em que a vida passa a ter outra dimensão, outro sentido. O texto, tornando-se uma canção em nós, nos levará à profundidade mística da vida, até alcançarmos a vida eterna. Porém, requer muita leitura, estudo, fé, humildade, confiança e amor a Deus, que é materno pai. O quarto nível de Leitura Divina e Orante é o nível do segredo de Deus, do seu projeto de amor em nós e para nós em favor de muitos, em favor da construção do seu Reino.

Pensemos, por exemplo, nas pessoas que chegaram à santidade da vida a partir da palavra entendida no quarto nível da interpretação e no quarto passo da *Lectio Divina*. Por exemplo:

- São Francisco Xavier: "Que adianta ao homem ganhar todo este mundo se vier a perder sua alma?";
- Francisco e Clara de Assis: "Olhai os lírios dos campos e as aves do céu...";
- Tiago Alberione e Tecla Merlo: "Vinde a mim todos vós!";
- Madre Teresa de Calcutá: "O que fizerdes a um desses pequeninos é a mim que o fazeis".

    E, assim, tantos e tantas outras pessoas, não só dentro da Igreja Católica, mas também nas Igrejas irmãs e em outras religiões. Por exemplo: Martin Luther King, mártir da segregação racial: "Deus não faz acepção de pessoas".

QUADRO COMPARATIVO

A Lectio Divina é uma prática de Leitura Divina e Orante que tem suas raízes no método dos sábios de Israel, os fariseus.

Método dos sábios de Israel	Método da Leitura Divina
Quatro níveis de leitura	*Quatro passos de leitura*
1. *PeSHaT* = interpretação simples	1. Leitura = o que o texto diz?
2. *ReMeTZ* = insinuação, busca	2. Meditação = ruminar o texto
3. *DeRaSH* = escavar, chegar ao coração do texto	3. Oração = o que o texto me faz dizer a Deus? Dialogar com Deus
4. *SoD* = silêncio fecundo! Enamorar-se da palavra.	4. Contemplação = intimidade profunda! Encantamento! Escuta e ação

"Ora et labora": trabalhe e contemple, contemple e trabalhe. "Contemplativos na ação e ativos na contemplação."

OUTRAS SUGESTÕES PRÁTICAS

O MÉTODO DAS PARÁBOLAS

A parábola é um método muito fácil e simples para dizer alguma coisa importante, usando comparações. Ela, em geral, se compõe de dois momentos: um no qual se usa a imaginação e outro no qual se dá a significação. Parece uma estória, mas, na realidade, é uma forma de questionar e fazer pensar, levando a pessoa a tomar uma decisão. Poderíamos dizer que é um modo de levar à conscientização, porque a parábola atinge até o inconsciente da pessoa e a faz refletir.

Jesus gostava desse método e fez bom uso dele em muitas circunstâncias. A parábola quase sempre incomoda, é como uma "pulga atrás da orelha". Mediante esse método da parábola, o sujeito fica inquieto, pois ela o instiga e o empurra a decidir-se e, ao mesmo tempo, lhe deixa plena liberdade. O sujeito diz sim ou não, faz ou não faz, de acordo com sua decisão.

As comunidades de Mateus e de Lucas, preferencialmente, guardaram em seus escritos o grande "tesouro das parábolas" contadas por Jesus em seus ensinamentos.

Como a parábola serve-se do imaginário e do simbólico, ela permite muitas interpretações, e isso favorece a colheita das mensagens que dela se podem tirar. Por exemplo, Lucas, no capítulo 15, oferece três parábolas muito significativas, que podem ser analisadas sob vários aspectos e que, por isso, também oferecem diferentes mensagens de vida: a parábola da ovelha perdida, a parábola da moeda perdida e a parábola do filho perdido.

As parábolas contêm um método eficiente e uma excelente pedagogia, sobretudo para a catequese com jovens e adultos. Leia atentamente as parábolas e crie algumas perguntas. Então, faça-as a seus catequizandos, a fim de que eles as respondam a partir de sua realidade pessoal, familiar, social e religiosa, lembrando que: "Toda palavra é uma semente que Deus jogou no chão, no chão da tua mente, no chão do teu coração. (Pe. Irala, sj).

O MÉTODO DA "ORAÇÃO GRAMATICAL"

Na literatura, o estudo da oração gramatical nos ajuda a compreender melhor o texto, e o mesmo acontece na leitura da Bíblia, pois devemos lembrar que ela é uma verdadeira coletânea literária e, portanto, podemos lê-la dentro do método da "oração gramatical", que nos convida a descobrir nela: o nome das pessoas (os sujeitos); as ações delas (os verbos); o que elas são ou representam, os lugares por onde viveram e andaram, o que querem transmitir (os atributos). Esse estudo do método da "oração gramatical" pode ser feito de várias maneiras. Por exemplo, suponhamos que o grupo tenha mais de trinta pessoas. Peça, então, que se agrupem de três em três e, juntas, façam a tarefa. Sugira que anotem as reflexões para partilhá-las em plenário.

MÉTODO DA ORAÇÃO GRAMATICAL

Este método busca descobrir os sujeitos,
os verbos e os atributos.
Os textos abaixo podem ajudar no estudo
e exercício do método da oração
gramatical.

Ex 3,1-10; 3,7-10	Mt 11,25-30
Gn 12,1-9; 21,9-21; 22,1-19	Mc 15,40-41
Sl 112	Lc 4,16-21
Am 8,4-7;	Jo 3,1-21; 14,1-7
Os 11,1-10; 14,5-10	Fl 2,5-9
Is 55,9-10	At 8,26-39
Jr 1,4-10; 8,18-23	Ap 3,14-22

O MÉTODO DAS SETE CHAVES

É uma forma muito simples de você animar a leitura mais consciente entre a realidade e a Bíblia. A Bíblia será aquela luz que iluminará a realidade, como diz o canto: "nossos olhos ganharão nova luz", com essa dinâmica metodológica.

Chame oito pessoas dentre o grupo e solicite que formem uma fila de frente para o grupo. Escolha uma dentre elas e destaque-a do grupo. A ela você dará o texto de Ap 5,1-5 para ser proclamado em voz clara. Peça que ela não leia o título, e sim comece diretamente no versículo 1. No final da leitura proclamada, pergunte ao grupo: Que livro é esse escrito por fora e por dentro?

(deixe as pessoas responderem até conseguirem dizer que é o livro da vida e o livro da Bíblia). Comente, então, o que fala Santo Agostinho: "Deus deu à humanidade o *Livro da Vida*, da *História Humana* e, por meio desse livro, as pessoas seriam capazes de descobrir quem é Deus, quem é o ser humano, porque ele está neste planeta. Mas o homem pecou e rasgou o Livro da Vida, de sua própria história, de tal forma que não podia mais lê-lo. Então Deus, no seu infinito amor, deu-lhe um segundo livro, que é a Bíblia. Agora a Bíblia ilumina a vida".

Quem é o Leão da tribo de Judá, o rebento de Jessé, o único capaz de abrir o livro da vida e da história? O único que dá sentido a toda a Bíblia? Deixe as pessoas se expressarem (é Jesus, o descendente da tribo de Judá).

Jesus é o único que rompe os selos, que abre o que ninguém pode abrir, nem ler, nem interpretar. Jesus é a grande chave que abre a vida e a Bíblia, e dá pleno sentido a ambas.

Depois disso, inicie a dinâmica que mostra a metodologia fácil e prática para ler, compreender e interpretar corretamente a Bíblia. Diga ao grupo que você vai trabalhar as sete chaves que ajudam a ler a Bíblia com maior proveito. Essas chaves estão representadas por sete membros do nosso corpo. Os membros do corpo servem de símbolo de chave dentro dessa dinâmica metodológica.

Comece com a primeira pessoa da fila e pergunte ao grupo: Qual é, então, a primeira chave. Deixe que as pessoas falem até acertar: "os pés". Vá em frente com as outras chaves e cada um vai identificando sua chave (por exemplo, a dos pés, deve-se dar dois passos à frente e, então, você explica o que significa essa chave, de acordo com o que vem descrito no quadrinho com o desenho de cada chave).

No final, peça que formem um chaveiro capaz de guardar as "7 chaves para ler corretamente a Bíblia". Ajude o grupo dos sete a formar um chaveiro que mostre uma comunidade ao redor da Bíblia, mas que não a guarda só para si, tornando-a visível a todos. (Use a criatividade. Quanto mais criativo você for, mais viva será a dinâmica e melhor será a compreensão do grupo todo.)

MÉTODO DAS 7 CHAVES

Através desse simples método, com as "7 chaves", é possível descobrir a Palavra de Deus que está na Bíblia e na vida, e, desta forma, entender melhor o sentido escondido detrás das letras ou dentro das palavras.

 Pés bem plantados na realidade.

Para ler bem a Bíblia é preciso ler bem a vida: conhecer a realidade pessoal, familiar e comunitária, do país e do mundo.
É preciso conhecer, também, a realidade na qual viveu o Povo da Bíblia.
A Bíblia não caiu do céu prontinha. Ela nasceu das lutas, das alegrias, da esperança e da fé de um povo (cf. Ex 3,7-10).

MÉTODO DAS 7 CHAVES

 Olhos bem abertos.

Um olho sobre o texto da Bíblia e outro sobre o texto da vida.
O que fala o texto da Bíblia? O que fala o texto da vida?
A palavra de Deus está na Bíblia e está na vida. Precisamos ter olhos para enxergá-la.

 Ouvidos atentos, em alerta.

Um ouvido para escutar o clamor do povo e outro para escutar o que Deus quer falar.

 Coração livre para amar.

Ler a Bíblia com sentimento, com a emoção que o texto provoca. Só quem ama a Deus e ao próximo pode entender
o que Deus fala na Bíblia e na vida.
Coração pronto para converter-se.

 Boca para anunciar e denunciar aquilo que:
- os olhos viram,
- os ouvidos ouviram e
- o coração sentiu sobre a Palavra de Deus e sobre a vida.

Como posso me calar?

MÉTODO DAS 7 CHAVES

 Cabeça para pensar.

Usar a inteligência para perguntar, estudar, meditar e buscar respostas para nossas dúvidas. Ler a Bíblia, e ler também outros livros que nos explicam a Bíblia.

 Joelhos dobrados, em oração.

Só com muita fé e oração é possível entender a Bíblia e a vida. Pedir ajuda ao Espírito Santo, para entender o "espírito" da Bíblia. Não podemos fazer uma leitura ao pé da letra, porque a letra mata e o espírito vivifica, como adverte São Paulo (cf. 2Cor 3,6).

Certamente descobriremos outras chaves, mas estas são indispensáveis.

É bom unir as chaves num chaveiro forte e firme. Este chaveiro é a família, o círculo bíblico ou sua comunidade. A Bíblia lida em comunidade se torna mais fácil, mais proveitosa, mais agradável e se faz sinal da presença de Deus na vida das pessoas e da comunidade (cf. Mt 8,20).

MENSAGEM DO SÍNODO: CELEBRAÇÃO DA PALAVRA

Canto (a escolher)

1º MOMENTO:
A VOZ DA PALAVRA – REVELAÇÃO

D: É uma mensagem que confiamos antes de tudo a vós, pastores, e aos muitos e generosos catequistas e a todos aqueles que vos guiam na escuta e na leitura amorosa da Bíblia. Para vós, agora, queremos traçar a alma e a substância daquele texto para que cresça e se aprofunde o conhecimento e o amor à Palavra de Deus. Quatro são os pontos cardeais do horizonte que queremos convidar-vos a conhecer e que exprimiremos através das seguintes imagens: VOZ, ROSTO, CASA, CAMINHO.

L1: Em primeiro lugar, a VOZ de Deus. Essa ressoa nas origens da criação, quebrando o silêncio do nada e dando origem às maravilhas do universo. É uma VOZ que penetra depois na história, ferida pelo pecado humano e revirada pela dor e pela morte. A história vê o Senhor caminhando com a humanidade para oferecer-lhe sua graça, aliança e salvação. É uma VOZ que, depois, desce às páginas das Sagradas Escrituras que agora lemos na Igreja, sob a guia do Espírito Santo que foi dado como luz da verdade à Igreja e aos seus pastores.

Leitura: Jo 1,1-4
Canto (a escolher)

2º MOMENTO:
O ROSTO DA PALAVRA – JESUS CRISTO

L1: Como escreve São João, "a Palavra se fez carne" (Jo 1,14). Eis que agora aparece o ROSTO. É Jesus Cristo, que é o Filho de Deus eterno e infinito, mas também homem mortal, ligado a uma época histórica, a um povo e a uma terra. Ele vive a existência penosa da humanidade até a morte, mas ressurge glorioso e vive para sempre.

L2: É ele que torna perfeito nosso encontro com a Palavra de Deus. É ele que nos revela o "sentido pleno" e unitário das Sagradas Escrituras, pelo qual o cristianismo é uma religião que tem no centro uma pessoa, Jesus Cristo, revelador do Pai. É ele que nos faz entender que as Escrituras são "carne", isto é, palavras humanas para serem compreendidas e estudadas no seu modo de se exprimir, mas que guardam no seu interior a luz da verdade divina, que só com o Espírito Santo podemos viver e contemplar.

Leitura: Jo 1,14
Canto (a escolher)

3º MOMENTO:
A CASA DA PALAVRA – COMUNIDADES

L1: É o próprio Espírito de Deus que nos conduz ao terceiro ponto cardeal de nosso itinerário, a CASA da palavra divina, isto é, a Igreja que, como sugere São Lucas (At 2,42), é sustentada por quatro colunas ideais: o "ensinamento", que consiste na leitura e compreensão da Bíblia pelo anúncio feito a todos na catequese, na homilia, por meio de uma proclamação que envolva a mente e o coração; a "fração do pão", isto é, a Eucaristia, fonte e cume da vida e da missão da Igreja.

L2: Como aconteceu naquele dia em Emaús, os fiéis são convidados a nutrir-se na liturgia à mesa da Palavra de Deus e do Corpo de Cristo. Uma terceira coluna é a "oração", com "salmos, hinos e cânticos espirituais" (Cl 3,16). É a Liturgia das Horas, oração da Igreja destinada a ritmar os dias e os tempos do ano cristão. É a *Lectio Divina*, a Leitura Orante das Sagradas Escrituras, capaz de conduzir na meditação, na oração e na contemplação ao encontro com Cristo, Palavra de Deus vivente. E, por fim, a "comunhão fraterna", pois, para ser verdadeiro cristão, não basta ser como "aqueles que escutam a Palavra de Deus", mas é preciso ser como quem "a coloca em prática" no amor operoso (Lc 8,21).

Canto (a escolher)

4º MOMENTO:
O CAMINHO DA PALAVRA – MISSÃO

L1: Chegamos assim à última imagem do mapa espiritual. É a ESTRADA sobre a qual caminha a Palavra de Deus: "Ide e fazei discípulos todos os povos, ensinando-os a observar o que vos mandei... O que ouvis ao ouvido, pregai sobre os terraços" (Mt 28,19-20; 10,27). A Palavra de Deus deve correr pelas estradas do mundo que hoje são inclusive as da comunicação, da informática, televisiva e virtual.

L2: A Bíblia deve entrar nas famílias, a fim de que os pais e os filhos a leiam, rezem com ela e seja para eles uma lâmpada para os passos no caminho da existência (cf. Sl 119,105). As Sagradas Escrituras devem entrar também nas escolas e nos ambientes culturais porque, por séculos, elas têm sido a referência capital da arte, da literatura, da música, do pensamento e da própria ética comum. Sua riqueza simbólica, poética e narrativa a torna um estandarte de beleza, seja para a fé, seja para a própria cultura, num mundo muitas vezes golpeado pela feiura e pela imundície.

Salmo 119,12-16

Canto (a escolher)

L1: A Bíblia, porém, nos apresenta também o gemido de dor que sai da terra, vai ao encontro do grito dos oprimidos e do lamento dos infelizes. Ela tem no vértice a cruz onde Cristo, só e abandonado, vive a tragédia do sofrimento mais atroz e a morte. Por causa dessa presença do Filho de Deus, a obscuridade do mal e da morte é iluminada pela luz pascal e pela esperança da glória.

L2: Na estrada do mundo, caminham conosco os irmãos e irmãs de outras Igrejas e comunidades cristãs que, mesmo na separação, vivem uma real unidade, embora não plena, através da veneração e do amor à Palavra de Deus. Ao longo da estrada do mundo, encontramos com frequência homens e mulheres de outras religiões que escutam e praticam fielmente os ensinamentos de seus livros sagrados e que conosco podem construir um mundo de paz e de luz, porque Deus quer que "todos os seres humanos sejam salvos e cheguem ao conhecimento da verdade" (1Tm 2,4).

Neste momento podemos fazer nossas preces.
Pelo nosso ser, em oração, suba a ti Senhor o clamor da humanidade.
Após cada prece, canta-se o refrão: "Ouvi o grito que sai do chão do oprimido em oração".

D: Guardai a Bíblia em vossas casas, lede, aprofundai e compreendei plenamente suas páginas, transformai-a em prece e testemunho de vida, ouvi-a com amor e fé na liturgia. Criai silêncio para escutar com eficácia a Palavra do Senhor e conservai o silêncio depois de ouvi-la para que ela continue a habitar, a viver e a falar convosco.

T: Fazei-a ressoar no início do dia para que Deus tenha a primeira palavra, e deixai-a ecoar em vós ao cair da tarde para que a última palavra seja de Deus.

A Bíblia passa entre os participantes em silêncio. Cada um faz seu compromisso com a Palavra.

QUESTIONÁRIO PRÁTICO PARA AJUDAR NA CONCLUSÃO DA LEITURA E/OU ESTUDO DESSE LIVRO

1. Explique para um jovem como entender, na leitura da Bíblia, o que é "exato" e o que é "verdadeiro".
2. Quais são os espaços privilegiados para o estudo, o anúncio, a vivência da Palavra de Deus?
3. O que diz o documento *Verbum Domini* sobre a Bíblia como Palavra de Deus?
4. Quais são os recursos didáticos que você mais frequentemente usa? Por que usa esses e não outros?
5. Enuncie os sete passos usados pelo diácono Filipe para "guiar" o estrangeiro na leitura interpretativa da Bíblia (At 8,26-40).
6. Hoje, qual é o valor do memorial?
7. É importante, para a educação da fé na catequese, na liturgia, na espiritualidade, lembrar textos, orações, acontecimentos que marcaram a histó-

ria da salvação, a fim de atualizá-la e celebrá-la constantemente. O que você pensa disso? Como você usa o método do memorial no espaço litúrgico, por exemplo?

8. Quais são os três momentos importantes do método da circularidade (Lc 24,13-31)? Fale sobre cada um deles.
9. Para você, o que significa fazer uma Leitura Divina e Orante da Bíblia? Que benefícios as pessoas que praticam esse método de leitura da Bíblia podem usufruir?
10. Num mundo tão desigual e violento, como podemos animar aquelas pessoas que sentem sua fé abalada?
11. O que você conhece sobre os fariseus e a leitura rabínica, ou seja, a interpretação que eles fazem das Escrituras Hebraicas?
12. Como você interpretaria a parábola da moeda perdida (Lc 15,8-10)?
13. Faça um dos exercícios propostos no método da "oração gramatical".
14. Segundo você, qual é a vantagem de se ler e anunciar a Bíblia com método?
15. Como você explicaria a leitura fundamentalista da Bíblia? Se tiver internet, pesquise sobre essa leitura.
16. Como essas sugestões práticas ajudaram você?
17. Como você lia a Bíblia?
18. Como você a lê agora?
19. Está disposto a ajudar outras pessoas a fazerem uma leitura mais comprometida da Bíblia com a vida e da vida com a Bíblia?

Então, como diz São Paulo à comunidade dos Filipenses:

> Esquecido do que fica para trás,
> lanço-me para a frente em direção à vocação
> que vem do alto, de Cristo Jesus.
> Portanto, todos nós que somos "perfeitos"
> tenhamos esse sentimento,
> e, se em alguma coisa pensais diferentemente,
> Deus vos esclarecerá. Entretanto,
> qualquer que seja o ponto a que chegamos,
> conservemos o rumo.
>
> (cf. Fl 3,13-16)

BIBLIOGRAFIA

BENTO XVI. *Exortação apostólica Verbum Domini, sobre a Palavra de Deus na vida e na missão da Igreja*. São Paulo: Paulinas, 2010.
BÍBLIA DE JERUSALÉM. São Paulo: Paulus.
BÍBLIA DO PEREGRINO. São Paulo: Paulus.
BÍBLIA SAGRADA – Nova tradução na linguagem de hoje. São Paulo: Paulinas, 2005.
CELAM. *Documento de Aparecida*. São Paulo: Paulinas, 2007.
CONCÍLIO VATICANO II. *Constituição dogmática Dei Verbum, sobre a Revelação*. 1965.
DA SILVA, Cássio Murilo. *Leia a Bíblia como literatura*. São Paulo: Loyola, 2007.
LELOUP, J. Yves. *Caminhos de realização, dos medos ao mergulho do ser*. Petrópolis: Vozes.
MESTERS, Carlos. *Flor sem defesa*. Petrópolis: Vozes.
MIRANDA EVARISTO, Malca Shorr J. *Sábios fariseus, reparar uma injustiça*. São Paulo: Loyola, 2002.
PONTIFÍCIA COMISSÃO BÍBLICA DE ROMA. *A interpretação da Bíblia na Igreja*. São Paulo: Paulinas, 1994.
PULGA, Rosana. *Beabá da Bíblia*. São Paulo: Paulinas, 1995.
REIMER, Ivone Richter (org.). *Imaginários da divindade*. Oikos Editora e Editora UCG.
SAB. *O povo da Bíblia narra suas origens*. São Paulo: Paulinas, 2001. (Coleção Bíblia em comunidade, n. 3.)
_____. *Iniciação à leitura da Bíblia*: São Paulo: Paulinas, 1999.
_____. *Nosso Deus é o Deus da vida*. São Paulo: Paulinas, 2009.
WIESEL, Elie. *Los sábios y sua historias*. Madrid: PPC.